긍정명리학

긍정명리학

肯定命理學

인생의 **때**를 읽는 **방법**

신규영 지음

한국경제신문*i*

2016년, 2017년, 2018년, 힘들었던 지난 3년의 겨울이 지나갔
다. 중년에 불어닥친 관계의 추위와 경제적 풍파를 잘 견디어내며,
'명리학'을 더욱 깊이 만나게 되었다. 공부하고 경험하면서 이제 '때
가 되어' 책을 세상에 내놓았다.

　　두 분의 훌륭한 스승님께 명리학을 배우고 경험하면서, 줄곧
'아, 내가 명리학을 딱 10년 전에만 배웠더라면…' 하는 생각이 든
것이 집필의 동력이 됐다. 책을 집어 든 독자들께서는 부디 나와 같
은 전철을 밟지 않기를 바란다.

　　열심히 배워 쌓은 지식으로 조촐하게 개강한 '명리학 입문과

정'에서 다루는 내용을 글로 옮겼다. 책이 담고 있는 내용의 학술적 토대는 스승님이신 1호 명리학(미래예측학) 박사 '석하 소재학 교수의 이론을 따랐으며, 그의 저서 《논리로 푸는 사주명리학》을 참조했다.

2003년 필자가 미국 캘리포니아주를 2주 동안 여행했을 때, 일본에서 만든 조그맣고 쉽게 제작한 와인 만화책을 들고 다니면서 이동할 때와 숙소에서 쉴 때 틈틈이 읽었다. 그때 와인을 쉽게 이해하게 되어서 언젠가는 내가 이런 쉬운 와인 책을 만들겠다고 마음먹었다. 이후 2012년 6월에 와인 초보자가 쉽고 재미있게 볼 수 있는 《초보자를 위한 와인의 이해Wine for Beginners》를 발간했다. 여행을 다니며 볼 수 있는 이 책은 현재 '신규영 와인아카데미'의 교재로 쓰이고 있다.

대자연에 사계절이 있듯 우리 삶에도 계절의 흐름이 있다. 나아갈 때와 물러설 때를 알아 좋은 시절에는 항상 자신을 돌아보는 겸허함을 갖추고, 불리한 시기에는 느긋하게 기다리며 준비하는 여유를 갖추어야 한다. 많은 분들이 이 책을 통해 명리학을 쉽게 이해하고, 자신의 때를 알아서 만만치 않은 인생살이에 조금이나마 도움을 얻으면 좋겠다.

서두

오늘이 있기까지 배움을 주시는 담계 황주연 스승님과 석하 소재학 스승님 두 분께 깊은 감사를 드리며, 《긍정명리학》을 완성하기까지 도움을 준 유능한(본명이다!) 편집자에게 고마움을 전한다.

두원 신규영

차례 ·◐·

서두 – 4

**1부 명命
리理**

6년간 경영했던 레스토랑 문을 닫다 – 13

명리학 스승님 두 분을 만나다 – 23

와인 전도사와 명리진로적성상담사가 되다 – 27

학문과 공부를 상징하는 인성(印星) – 35

인생의 타이밍 – 39

10년 전에 명리학을 배웠더라면 – 43

한자 22개만 외우자(10천간, 12지지) – 47

명리학자가 점쟁이라고? – 54

아이고, 내 팔자(八字)야! – 60

띠 이야기 – 66

음양·오행이란? – 70

'갑'과 '을'에도 합이 있다 – 76

상생과 상극 – 81

상충, 비워지고 다시 채워지는 것 – 86

상형 – 90

명쾌하게 정리하는 명리학 – 94

행운의 때를 찾는 법 – 99

기회(좋은 기운)는 반드시 온다 – 106

2부 실전 사주 읽기

누구나 자신의 사주를 읽을 수 있다 – 113

음양의 조후 분석하기 – 118

오행 들여다보기 – 121

체, 용, 합 개념을 통해 분석하는 십신의 복합성향 – 126

오성 십신(육친) 이해하기 – 136

운동형태로 분석하는 오행의 3가지 기질적 특성 – 143

운동형태로 나눈 오행의 5가지 기질적 특성 – 147

내가 피해야 할 방향은? – 152

태어난 시를 알아라(시주) – 156

곡선이 큰 주기(대운) – 167

조금 더 세밀한 흐름(세운) – 172

지장간(支藏干) – 175

삼재의 허실, 2019년 황금 돼지해, 뱀띠와 닭띠와 소띠가 삼재? – 178

식상 기운이 강한 사람이 조심해야 할 것 – 181

석하명리의 사주 분석 기본 용어 – 184

석하리듬 애플리케이션, 10년 주기 인생사계절 – 191

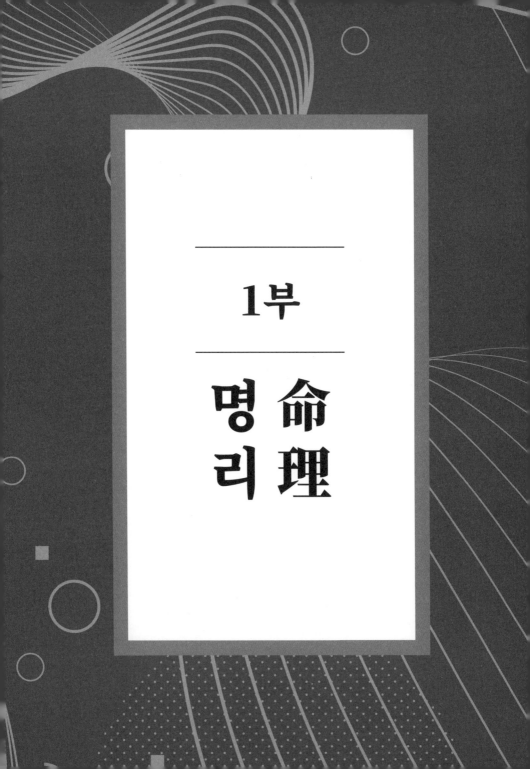

1부

명리 命理

1부

명命
리理

2017년 4월 초, 나는 심각한 고민에 빠졌다. 6년간 경영했던 이 탤리언 레스토랑의 3월 매출이 반토막 났기 때문이다. 역 주변에 대형건물이 들어서면서 유사한 레스토랑이 3개나 생겼다. 가격에서는 경쟁력이 있었지만, 메뉴나 새로운 인테리어, 수준 높은 주방인력의 실력은 작은 업장을 운영하는 나로서는 감당할 여력이 없었다.

계속할 수 있을까

계속 레스토랑을 운영하자니 적자가 늘어나 빚이 눈덩이처럼 쌓일 게 분명했다. 안 그래도 경기가 안 좋은데 빚에 쫓기는 생활을 할 수 없었다. 그렇다고 문을 닫자니 권리금도 못 받고, 원상복구 비용까지 발생하는 비용이 또 만만치 않을 것 같았다. 게다가 가게 문을 닫으면 마땅한 계획도 없었다. 업종 전환을 하기도 여의치 않고, 마냥 놀 만큼 일이 많지도 않았다.

권리금을 받아야 빚을 일부라도 갚을 수 있는데, 권리금을 받을 때까지 마냥 기다리면서 영업을 할 수도 없었다. 영업을 하면 할수록 적자가 나기 때문이다. 직원들의 퇴직금은 또 어떻게 마련해야 하며, 지급해야 할 임대료와 관리비, 재료비는…. 고민거리가 한두 가지가 아니었다.

무엇보다, 레스토랑은 2010년 12월에 다니던 카드사를 퇴직하면서 받은 퇴직금과 대출금을 합쳐 총 5억여 원이 몽땅 들어간 나의 전 재산이나 마찬가지였다.

밤잠을 이루지 못한 고민 끝에 내린 답은 우연히 만난 명리학에서 발견했다.

내 사주를 풀이해보니, 향후 2017년, 2018년까지 가장 어려운 시기라는 해석이 나왔다. 이에 주저 없이 문을 닫기로 하고, 변호사와 상담해서 법의 도움을 받기로 했다. 결국 나는 '개인회생'을 신청

하면서 억장이 무너지는 심정을 맛봐야만 했다. 미련 없이 행동하려고 했지만 결코 쉽지 않았다.

이 책을 집필하고 있는 2019년 상반기, 지금은 법에서 부담할 수 있는 선에서 결정해준 빚의 일부를 매월 갚아나가면서 열심히 재기의 기회를 엿보고 있다. 어려울 때 받은 혜택들은 때가 되면 사회에 환원할 생각이다.

기운이 좋을 때는 용기 내고, 기운이 안 좋을 때는 점검하기

'사람은 다 때가 있다'고 한다.

특히 어르신들이 하시던 말씀인데, 학생의 때는 공부를, 청년의 때에는 결혼을, 원기 왕성할 때에는 일을 해야 하는 것 등이다. 참 지혜롭다. 인생의 순환과 자연의 순환, 우주의 순환으로 순리에 응하려는 여유가 돋보인다.

하지만 여기에는 숨은 의미가 있다. 바로 명리학적 관점의 '때'를 말한다. 누구나 타고난 '운'이라는 게 있는데, 모든 사람이 다 시기가 같은 것은 아니기 때문에 그 기운을 따질 필요가 있다. 누군

1부. 명리(命理)

가는 올해 운세가 좋고, 다른 누군가는 나쁠 수 있기 때문에 모두에게 동일한 처방을 내리기 어렵다. 여기서 명리학의 지혜가 빛을 발한다.

나는 명리학을 공부하는 사람으로서 명리학을 '신앙'처럼 생각하는 것에 반대한다. 단지 자신의 기운이 흘러가는 흐름을 알고 기운이 좋을 때는 용기를 내고, 반대로 안 좋을 때는 점검을 하면 될 일이다. '미래예측학'이라는 이름은 미래에 대한 불안감을 해소해보고자 했던 선조들의 노력이었다고 해석해야지, 어떤 신이 점지해주거나 하는 식의 미신(迷信)으로 생각하면 안 된다. 통계학적, 동양학적 인류학으로 보면 적당하다고 본다.

일단 많은 사람들이 '때'를 잘 모르고 사는 것 같다. 주변을 돌아보면 대부분 기운이 안 좋아질 때 사업을 확장하거나 판을 벌려서 힘들어 하는 경우를 종종 만나게 된다. 내가 나서야 될 때인지, 물러설 때인지를 안다면 얼마나 좋을까…. 그때를 알고 준비를 한다면 세상 사람들이 좀 더 아름다운 인생이 되지 않을까….

기운의 흐름을 보는 12운성

나는 명리학 '12운성'의 리듬을 보았을 때, *식신이 묘에 들어가는 시기가 2018년도였다. 그래서 어려운 가운데 납작 엎드려 있다가 기운이 점차 살아나는 2019년도를 맞이했다(집필의 시기를 결정한 것도 이 때문이다!). 명리학의 개념 중 12운성을 소개한다.

* 식신 : 오성 십신(육친)에서 식상성에 해당하는 전문용어로, 여기
　　　　 서는 먹고사는 것을 의미.
　묘 : 12운성상 묘에 들어가는 시기.

12운성

12운성이란 장생, 목욕, 관대, 건록, 제왕, 쇠, 병, 사, 묘, 절, 태, 양의 12년 주기를 뜻하는데, 주로 기운이 상승하는 시기를 장생, 목욕, 관대, 건록, 제왕, 쇠로 보고, 기운이 하락하는 시기를 병, 사, 묘, 절, 태, 양으로 본다. 천간(天干)이 지지(地支)와 결합해 음양을 이루어 살다가 그 힘이 다하면 죽게 되는 이치로 인간사에서는 생로병사에 관련된 일이다.

인간은 누구나 태어날 때 사주팔자를 타고 난다. 누구는 태평 성대하게 잘 살고, 어느 누구는 고생과 고통, 시름 속에서 한시도 평안한 날이 없는 생을 살아가는데, 이는 12운성을 통해서 짐작할 수 있다.

모든 만물은 봄에 싹이 돋아나고 자라서 여름이면 장성하며, 가을이면 낙엽이 지고 열매를 맺는 이치를 따르고, 겨울이면 앙상한 가지만 남게 된다. 자연의 순환이 우리 인간사와 모든 생명의 생애에 통용된다고 보는 것이 12운성의 발상이다. 다시 말하면 인생의 계절, 곧 '때'를 말하는 것이다.

- 장생(長生)은 깨끗한 심성으로 세상에 태어난 갓난아이가 첫울음을 터트리는 것과 같은 시기다.
- 목욕(沐浴)은 갓 출생한 아기를 깨끗이 씻는다는 뜻으로 갓 난아이에서 조금 더 나아간 시기다.
- 관대(冠帶)는 성장과정이 끝나고 청년기에 접어들 시기가 되며, 갓끈을 매고 허리에 띠를 두르는 시기를 말한다. 성년식을 생각하면 된다.
- 건록(乾祿)은 부모의 품을 떠나 객지에서 자립해서 가정을

이루고 독립하는 시기를 말한다. 흔히 장성했다고 하는 기운을 말한다.

- 제왕(帝旺)은 원기가 왕성한 장년기에 해당하는데, 인생의 역경을 딛고 삶의 진정한 맛을 느끼는 시기다. '누구나 인생에 몇 번의 기회가 찾아온다'고 했을 때의 바로 그 기운을 뜻한다. 최고의 기운이다.
- 쇠(衰)는 원기가 서서히 쇠퇴국면으로 전환되는 첫 시기로 왕성했던 기운이 점차 약해져 가는 시기다.
- 병(病)이란 왕성함과 건강함을 지나 늙어서 병이 든 것과 같이 모든 것이 시들해지는 시기다.
- 사(死)는 병환 뒤에 생명이 끝나는 시기다.
- 묘(墓)는 사후에 묘에 들어가는 시기다.
- 절(絶)은 영혼이 완전히 끊어지는 시기다.
- 태(胎)는 부모가 교접해서 그 혼이 다시 모태에 자리하는 시기다.
- 양(養)은 어머니의 태내에서 각종의 양분을 섭취하고 생을 준비하는 시기다.

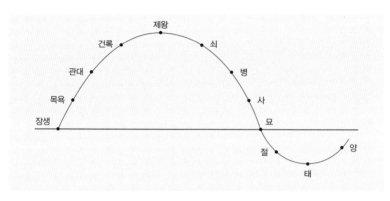

12운성 그래프

장생	2004	서울디지털대학교 입학, 와인(Wine) 소믈리에 수료
목욕	2005	조흥은행 부부장
	2017	보나베띠 공덕역점 폐업(개인회생 신청)
관대	2006	신한카드 강남지점장 부임(조흥은행, 신한은행 통합)
	2018	동국대 동양미래예측학과 최고위과정 입학(식신이 묘에 들어감)
건록	2007	신한카드 분당지점장 부임, 서울디지털대학교 학사 졸업, 한양대학교 대학원(MBA)입학
	2019	동국대 동양미래예측학 최고위과정 수료, 명리학 박사과정 입학예정
제왕	2008	
쇠	2009	한양대학교 대학원(MBA)졸업
병	2010	신한카드 분당지점장 보직해임, 신한카드 명예퇴직
사	2011	보나베띠 공덕역점 개업
묘	2012	신규영 와인아카데미 개강
절	2013	
태	2014	
양	2003	헤드헌터 수료(한경닷컴 주최)
	2015	명리학 배움 시작

나의 12운성 흐름표

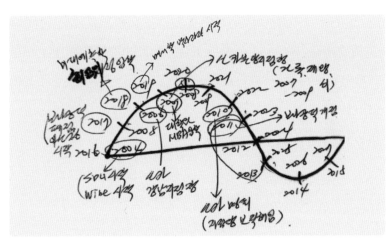

나의 12운성 그래프

일간	甲	乙	丙,戊	丁,己	庚	辛	壬	癸
절	申	酉	亥	子	寅	卯	巳	午
태	酉	申	子	亥	卯	寅	午	巳
양	戌	未	丑	戌	辰	丑	未	辰
장생	亥	午	寅	酉	巳	子	申	卯
목욕	子	巳	卯	申	午	亥	酉	寅
관대	丑	辰	辰	未	未	戌	戌	丑
건록	寅	卯	巳	午	申	酉	亥	子
제왕	卯	寅	午	巳	酉	申	子	亥
쇠	辰	丑	未	辰	戌	未	丑	戌
병	巳	子	申	卯	亥	午	寅	酉
사	午	亥	酉	寅	子	巳	卯	申
묘	未	戌	戌	丑	丑	辰	辰	未

12운성 조견표

1부. 명리(命理)

12운성 조견표는 본인 사주에 일간을 기준으로, 오성 십신(육친)*의 기운을 볼 수 있게 만든 표다. 즉 본인의 일간이 병(丙)이라고 가정했을 때, 식신(활동력, 먹고사는 기운 등을 의미)인 토(戊)가 묘에 들어가는 시기가 戌(술)년이 된다. 술년은 2018년이 무술(戊戌)년이었다.

*오성 십신(육친) : 이 책 2부 '오성 십신(육친) 이해하기' 참조.

명리학 스승님
두 분을 만나다

담계(潭溪) 황주연(黃周淵) 교수님

황주연 교수님은 연세대학교 재학 중 시위로 투옥생활을 하셨다. 어쩌다 2인실 감옥에 수감되셨는데, 거기서 우리나라 3대 명리학 도사* 중 한 분으로 꼽히는 제산 박재현 선생님('부산 박도사'로 불렸으며, 포항제철 고(故) 박태준 회장과 삼성 고(故) 이병철 회장 옆에서 직원을 채용할 때 면접관으로 있었다는 이야기가 전한다)을 만나게 되었다.

제산 박재현 선생님은 정치 문제와 연루되어 1년 동안 수감생활을 하셨다. 박재현 선생님은 박정희 대통령이 유신(維新)을 강행할 계획을 갖고 있을 당시, 이를 명리학으로 풀어 달라고 요청했는데, 맘에 들지 않게 해석했다는 이유로 수감되었다고 전해진다.

감옥에 들어온 당시 황주연 학생에게 제산 박재현 선생님은 먼저 이런 제안을 했다고 한다.

"자네 나에게 명리학을 배울 텐가?"

마침 1년을 2인실 감옥에서 지내야 하는 상황에서 딱히 다른 할 일이 없는 터에 황주연 학생은 명리학을 배우겠다고 했다. 1년간 잠자고 먹는 시간 이외에는 명리학을 전수받았다고 한다.

제산 박재현 선생님께 명리학을 전수받을 당시 황주연 학생은, 출소 후 공직생활을 하다가 2014년도에 퇴직한다. 내가 황주연 교수님을 만난 곳은 6년간 운영하다가 문을 닫고 개인회생을 신청하게 된 레스토랑이었다. 운명적인 만남이었다.

내가 명리학을 배우고 싶다고 부탁드려서 황주연 교수님의 1호 제자가 된 것이 2015년인데, 나중에 명리학을 배우면서 살펴보니, 나의 10년 대운에서 공부와 문서기운을 뜻하는 인성대운이 들어오는 때가 2015년이었다.

황주연 교수님과는 지금까지 사제 간의 인연을 맺고 있으며,

그동안 개인별 임상분석을 통해 얻은 지식을 아낌없이 전수해주셨다. 특히 내가 어려운 시기를 지낼 때 "사람은 어려워질 때 배신하는 것이 아니다"라는 말씀과 함께 곁에서 물심양면으로 도움과 용기를 주신 고마운 분이다.

　* 대한민국 3대 명리학 도사는 자강 이석영, 도계 박재완, 제산 박재현 선생님으로 꼽는다. 세 분 모두 작고하셨다.

석하(奭廈) 소재학(蘇在鶴) 교수님

요즘은 시대가 좋아져서 무엇이든 배우고자 하면, 유튜브를 먼저 찾게 된다. 유튜브에서 석하 소재학 교수님의 《논리로 푸는 사주명리학》 강의를 우연히 듣게 되었다. 황주연 교수님께서도 기회가 되면, 동국대 명리학(미래예측학) 최고위 과정에 가서 더 많은 학문을 배우라고 권해 주셨는데, 말씀을 따라 동국대 GFCA 동양미래예측학 최고위과정 7기로 입학하게 됐다. 바로 그 과정을 만들고, 운영하시는 주임 교수님이 바로 석하 소재학 교수님이셨다. 유튜브를 통해 먼저 뵌 반가운 인연으로 만난 선생님이다.

석하 소재학 교수님은 20년 전에 사업을 하시다가 몇 번 어려운 시기를 겪은 후 명리학을 공부하셨다고 한다. 그 후 명리학(미래예측학) 국내 1호 박사가 되셨다. 동양역학의 미신적 요소와 허실을 벗기고, 과학의 옷으로 갈아입힌다는 명목과 '보다 현명하고 지혜로운 삶'을 추구하며, '나아갈 때와 물러날 때를 아는 지혜'를 전파하면서, 석하명리와 석하리듬(10년 주기 인생 사계절)을 창시하셨다.

한국동양미래예측학회 회장과 국제뇌교육종합대 미래예측전공 주임교수 등을 재직하고 있으며, 많은 제자들에게 그동안 공부한 진리와 노하우를 아낌없이 전수해주고 계신 고마운 분이다. 나는 2019년도 하반기에 기회가 되면, 석하 소재학 스승님 밑에서 미래예측학(명리학) 박사과정을 진행할 예정이다.

이 책에서 명리학을 이해하는 데 필요한 기본이론은 석하 소재학 교수님의 저서 《논리로 푸는 사주명리학》에서 바탕을 두었음을 밝힌다.

중학교 2학년 때 은행원이 되고 싶었다. 중화중학교 근처에 있는 은행에서 근무하는 은행원을 보며, 나도 은행원이 되고 싶다는 꿈을 키웠다. 고등학교를 결정하는 시기에 은행원이 되고 싶은데, 어느 고등학교를 가야 하는지 선생님께 여쭈었다. 은행원이 되려면 상고를 가면 된다고 하셔서 당시 상고 중에 으뜸으로 쳤던 덕수상고를 가고 싶다고 했다. 하지만 선생님은 너의 실력으로는 어림도 없다고 하면서 다른 상고를 추천하셨다.

그러나 어린 나로서는 덕수상고를 포기할 수 없었다. 선생님께 졸라 '덕수상고에 떨어지면 인문계 고등학교를 간다'라는 내용의 확

약서를 제출하고, 덕수상고 입학시험을 치게 되었다.

은행원이 되고 싶은 꿈이 있었기에 도서관에서 6개월간 이를 악물고 공부했다. 그 결과 덕수상고에 들어가게 되었다.

그토록 원하던 덕수상고에 다니면서 은행에서 필요한 주산, 부기, 타자 등 각종 자격증을 따면서 열심히 공부했다. 리더십도 필요하다고 해서 2학년, 3학년 때는 반장을 하면서 학도호국단 중대장도 했다. 열심을 낸 까닭에 은행원의 기회는 머지않아 찾아왔다. 선생님께 은행에 들어가고 싶은 꿈을 말씀드리고, 1978년 8월 조흥은행에 입사했다.

첫 근무지는 조흥은행 잠실지점이었다. 마침 숙직(당시는 직원이 돌아가면서 지점에 자면서 지키는 숙직제도가 있었다)을 하고 아침을 맞이하였는데 창문 너머 테니스를 치고 있는 사람들이 보였다.

남녀노소가 어울려 복식 테니스를 치고 있는 모습을 보고 평생 운동을 해야겠다는 생각에 그길로 테니스 레슨을 25년간 받았다. 훗날 사내 테니스 대표선수로 활동도 하였다.

여러 부서와 지점을 근무하였는데, 회계팀장을 7년 근무하면서 회계지식도 갖추었다. 회계팀장을 5년 이상 하면 한국공인회계사(KICPA) 시험 1차와 수습 기간이 면제된다고 해서 2년간 회계학원을 다니며 2번 시험을 보았으나 고배를 마셨다. 하지만 응시를 준비하며 쌓은 회계지식에 힘입어 IMF 이후 금융감독원에 파견되었고, '은행업회계처리준칙기초소위원'으로 활동하며, 회계법인과 감독당국의 바이블인 《은행회계해설책자》도 공동 발간하였다.

지금에 이르러 나의 사주를 살펴보니 년간에 '편재' 재성이 있고, 년지에 '정관' 관성이 떠 있으므로 널리 알려진 관직(정관)에서 큰 재물을 다루는 기운(편재)이 강했기에 19살에 일찍 조흥은행에 입행한 것으로 풀이된다.

나의 사주를 살표보면 월지에 '정인' 인성 기운이 있으니 끊임없이 배우는 기운과, 월간의 '상관', 시간의 '상관' 식상성 기운이 있으니 아이디어, 즉 '창조력'이 많은 사주다. 이 기운들 때문에 살아오면서 여러 가지 호기심을 가지고 배우기를 즐거워했던 것 같다. 역시 10년 먼저 명리학을 배우지 않은 것이 아쉬운 대목이다.

와인과의 운명적인 만남

무엇을 배우든지 좋은 스승님이 계셨는데, 나에게 와인 스승님은 전두환 부장(당시 조흥은행 신용관리부 부장)님이시다. 전두환 전

대통령과 이름과 한문이 같아 은행에서 발행하는 자기앞수표에 전두환 이름으로 명판을 찍는 것도 애로사항이 있었다는 에피소드가 있는 분이었다.

나는 와인이라면 떫떠름한 맛과 달콤한 맛, 두 가지만 있는 줄 알았다. 심지어는 전두환 부장님이 직원들 생일선물로 와인을 준비하라고 했을 때도 "부장님! 와인보다는 양주나 다른 술이 낫지 않겠습니까?"라고 말할 정도로 와인에 문외한이었다.

어느 날 전 부장님께서 호텔의 와인 행사에 동행하자고 제안하셨다. 와인을 맛볼 수 있는 와인 부스가 10개가 있었는데, 와인 맛이 모두 달랐다. 이때부터 와인이 다르게 보이기 시작했다.

전 부장님은 카드사업부 부장님으로 근무하시면서 '와인클럽신용카드'를 만들어 추진하셨는데, 나도 와인클럽신용카드 추진팀장으로 활동하였다. 업무를 추진하기 위해서 소믈리에 과정을 사비를 들여서 배웠다.

소믈리에 과정을 배우기 전에는 가맹점 계약을 맺는 와인바나 레스토랑의 점주, 지배인 등과 대화가 되지 않았는데, 소믈리에 과정을 수료한 다음부터는 대화가 잘되어서 가맹점 계약을 원활하게 하였다. 또한 은행 직원들이 와인을 잘 몰랐기 때문에 몇 개 지점에 다니면서 와인 강의를 하게 되었다. '와인이란 무엇인가?'를 주제로 1시간 동안 강의를 했는데, 이것이 와인 강의의 시작이었다.

소믈리에 과정을 배우면서 전 세계 1인당 국민소득(GDP)과 관련된 문화 트렌드를 알게 되었다. 요지는 1인당 국민소득이 1만 달러가 되는 나라는 테니스를 치고 있고, 2만 달러가 되는 나라는 와인을 즐기며, 4만 달러 되는 나라는 요트를 타고 있더라는 것 등이다. 내가 와인을 시작했을 때 우리나라의 1인당 국민소득은 1만 3,000달러였다.

와인 소믈리에 과정을 배우는 3개월은 쉽지만은 않은 기간이었다. 동료들은 "은행원이 술을 배운다"라고 했다. 또 은행에 와인 동호회(현재 신한은행 와인 동호회)를 만들었더니 "난 소주 동호회를 만들겠다", "난 막걸리 동호회를 만들겠다" 하는 비아냥을 들어야 했다.

그때로부터 15년이 흐른 지금, 국민소득 3만 달러 시대에 접어들며, 와인이 많이 생활화되어 있는 것을 보면 감개무량하다.

한편, 당시 비아냥거렸던 사람들은 지금 집에서 대부분 쉬고 있고, 나는 와인 강의를 아직도 하고 있는 점을 감안하면, 그때 와인을 배운 것은 신의 한 수가 아니었나 싶다.

6개월마다 새로 이력을 추가하는 노력

내 사주는 공부, 학문을 상징하는 인성 기운이 가장 강한 월지에 있다. 또한 46세부터 65세까지 인성대운이 천간에서 들어오고 월지에 통근을 한다. 그래서 46세 전후부터 지금까지 끊임없이 배우는 것은 이 기운의 영향이라고 볼 수 있다.

헤드헌터가 되는 방법을 가르쳐주는 교양강의에 참석했다가 6개월에 하나씩 새로운 이력을 추가하라는 이야기를 듣고 지금까지 노력하고 있다.

- 2004년 3월 ~ 2007년 2월 : 서울디지털대학교 졸업(재경회계학)
- 2007년 3월 ~ 2010년 2월 : 한양대학교 대학원 졸업, 석사(MBA)
- 2004년 11월 ~ 2005년 1월 : 소믈리에(와인 전문가, 오지엠연구원) 과정 수료
- 2005년 8월 ~ 2005년 12월 : 서울대학교 경영대학 제10기 조흥금융아카데미과정 수료
- 2008년 1월 ~ 2008년 5월 : 와인 전문가(Sommelier &

Advisor) CEO최고위과정 수료

- 강남와인스쿨 and 프랑스 UNIVERSITE DU VIN
- 2010년 2월 ~ 4월 : 마음골프학교 15기 수료
- 2012년 4월 ~ 6월 : 제8기 마포CEO 아카데미 연구과정 수료
- 2014년 5월 ~ 6월 : NLP코치 교육과정 수료
- 2014년 5월 ~ 10월 : 베이스키타 6개월 수강, 2회 공연
- 2014년 3월 ~ 2015년 2월 : 평생교육사 자격증 취득
- 2015년 3월 ~ 2015년 6월 : 고려대학교 평생교육원 액티브 시니어 3기과정 수료
- 2015년 6월 : 인성교육지도사 자격증 취득
- 2015년 7월 ~ 2016년 10월 : 중국어 공부
- 2017년 1월 ~ 3월 : 한식조리기능사 수료
- 2015년 2월 ~ 현재까지 명리학 공부 중(2015년 2월~2018년 5월 담계 황주연 스승님, 2018년 9월~현재까지 석하 소재학 스승님)
- 2018년 9월 ~ 2019년 5월 : 동국대 GFCA 동양미래예측학 최고위과정 수료(7기)
- 2019년 1월 : 명리진로적성삼당사 자격 취득

• 2019년 9월(예정) : 명리학(미래예측학) 박사과정

현재 개강 중인 강의

1) 신규영 와인아카데미, 102기까지 787명 수료

와인의 대중화를 위해서 2012년 3월부터 '3회에 끝내는 와인아카데미'를 시작해서 최근까지 102기, 787명의 와인아카데미 동문을 배출했다.

2) 명리학 입문과정, 15기까지 105명 수료, 심화과정 1기 진행 중

나는 명리학을 10년 전에 먼저 배웠더라면 하는 아쉬움이 많았다. 후배들에게 먼저 명리학을 배워서 미래예측학으로 쓰일 수 있도록 명리학입문과정을 개강하여 최근까지 15기, 105명의 도반을 배출했으며, 심화과정 1기를 진행 중이다.

본인 사주에 인성이 있으면 지식추구의 성향이 강하고, 학문이
나 공부를 잘할 수 있는 기운이 있다고 본다. 본인 사주에 없어도
대운에서 인성이 들어오면 같은 기운으로 본다.

인성(印星)은 일간을 생(生)해주는 오행으로 주로 논리적인 특성
을 나타내며, 지식추구의 성향이 강하고, 현실적 정신세계를 추구
하게 된다. 일간과 음양이 같으면 편인이라 하고, 음양이 다르면 정
인이라고 한다. 학문이나 공부를 상징하며, 어머니와 선생님 등을
의미한다.

나의 사주에도 인성이 있는데, 제일 기운이 강한 월지에 인성이 있다. 또한 46세부터 65세까지 인성대운이 천간에 떠 있고, 월지에 통근을 한다. 그래서 46세 전후부터 지금까지 끊임없이 배우는 것은 이 인성 기운으로 볼 수 있다. 이런 기운을 예측하기 때문에 2019년 9월에 명리학(미래예측학) 박사과정에 입학할 예정이다.

상관	일간	상관	편재
己	丙	己	庚
亥	午	卯	子
편관	겁재	정인	정관

무엇이든지 공부해서 배워두면 언젠가는 써먹는 것 같다. 일본어에 관련된 나의 재미있는 에피소드를 소개한다. 내가 조흥은행에서 회계팀장으로 일하고 있을 때다.

연결재무제표(모기업과 자회사를 단일기업으로 간주해서 합산작성한 그룹재무제표)를 작성하기 위해서는 전 세계로 나가 있는 해외현지법인 및 해외지점의 결산재무제표를 집계해야 한다.

연결재무제표를 집계 작성하기 위해서는 제날짜에 해당재무제표가 회계팀에 도착해야 하는데, 가끔 늦게 작성을 한다거나, 질의할 내용들이 발생해서 결산담당자와 통화를 해야 하는 상황이 발생한다.

대부분 해외현지법인과 해외지점들은 전화를 받는 전화교환원을 한국교포를 채용해서 전화를 걸면 한국말로 받아서 손쉽게 결산담당자를 바꿔줘서 통화를 했다. 그러나 당시 일본 동경지점은 전화를 받는 사람을 현지인인 일본인으로 채용해서 내가 전화를 해야 하는 상황이 발생하면 일본말로 받는데, 무슨 말을 하는지 통 알 수가 없었다. 옆에 일본어를 할 줄 아는 직원에게 부탁해서 결산담당자를 바꾼 후 통화를 해야 했던 불편함이 있었다.

그래서 내가 직접 일본어로 전화교환원과 통화를 하기 위해 큰 마음을 먹고 일본어를 배우기로 했다. 마침 본점 근처에 있는 코리아헤럴드학원에서 일본어 강좌를 신청했다. 가타가나와 히라가나를 숙지하면서 6개월 동안 오전 7시부터 8시까지 1시간씩 시간을 쪼개어 배워서, "나는 종합기획부의 신 과장인데 누구를 바꾸어달라"는 기본적인 대화를 할 수 있게 되었다.

드디어 써먹을 때가 왔다. 일본 동경지점에서 재무제표가 제날짜에 도착을 안 했다. 바로 동경지점에 전화를 걸어서 전화 받는 사람에게, 자신있게 그동안 배웠던 일본말로 얘기를 했다.

"와타시와 소오고오키카쿠부노 신카초오데스가 키무산니 카왓테이타다케마스카(私は総合企画部の新課長ですが, キムさんに代わっていただけますか, 나는 종합기획부의 신 과장인데 김 씨를 바꿔 주시겠습니까?)."

그런데 돌아오는 말은 "그냥 한국말로 하세요"라는 우리말이었다. 하루 전에 전화교환원이 일본사람에서 한국교포로 바뀌었단다. 6개월 동안 아침마다 일본어 공부에 공들여서 간신히 누구 바꾸어 달라는 일본말을 배웠는데 괜히 공부했다는 허무감이 들었다.

세월이 흘러서 내가 한양대학교 경영전문대학원(MBA) 석사과정을 공부할때다. 이수해야 할 학점 중 어학을 3학점(1과목) 필수로 취득해야 졸업이 되는 규정이 있다. 영어, 중국어, 일본어 중 1과목을 패스해야 하는데, 이때 일본어를 선택해서 무사히 졸업했다. 그때 깨달았다. 뭐든지 배워두면 반드시 써먹는다는 것을.

인
생
의
타
이
밍

45세에 대학교에 입학해서 50세에 대학원을 졸업하다

나는 1978년, 덕수상고 3학년 2학기에 조흥은행을 수습직원
으로 들어가 1979년에 덕수상고를 졸업하면서 바로 조흥은행의
정식직원이 되었다. 그후 26년간 은행 생활을 하다가 뜻한 바가
있어 45세인 2004년에 서울디지털대학교에 입학했다. 당시에 직
장인들이 온라인으로 공부할 수 있는 사이버대학교가 생겼기 때
문이다.

재경회계학을 공부했는데 사실 공부할 시간을 내기가 만만치
않았다. 그렇기 때문에 근무시간 중 점심시간에도 직원들과 나가서

식사하는 것보다는 사무실에서 김밥이나 샌드위치 등을 먹으면서 인터넷으로 공부를 많이 했다. 수강이 밀린 때에는 쉬는 날에 집에서 인터넷으로 공부를 했다. 컴퓨터 앞에서 공부를 하다 보니까 외로운 환경에서 나와의 싸움이었다.

대학교 1학년으로 입학을 해서 소정의 학점을 따야 졸업을 할 수 있었는데, 졸업을 1년 당겨서 3년 만에 졸업을 하기 위해서 방학 중에도 계절학기 등록을 해서 학점을 땄다. 2004년에 입학을 해서 드디어 2007년에 조기 졸업을 하게 되었는데, 그 졸업식에서 한 선배님의 말 한마디가 인생을 바꾸는 계기가 되었다.

졸업식장에서 선배님은 대학교 졸업을 축하한다면서 다음과 같은 말씀을 하셨다.

"한양대 경영전문대학원에 MBA 과정이 생겼는데, 함께 다니지 않을래?"

이 말을 들은 나는 3년간 컴퓨터 앞에서 힘들게 공부한 생각이 났다.

"저는 더 이상 공부하기가 싫습니다. 제가 왜 대학원을 가야 하나요?"

돌아오는 대답은 간단한 한마디였다.

"설명할 수 없는 뭔가가 있어."

그 간단한 한마디를 듣고 나는 저질러버렸다. 2007년에 한양대 경영전문대학원(MBA)에 입학을 해서 2009년도에 석사 과정을 마쳤다.

대학원을 다닐 때도 4학기, 2년 동안 쉽지 않은 생활을 했다. 평일 저녁에 하루나 이틀은 저녁에 가서 밤까지 학교에 가서 수업을 듣고, 토요일에는 오전 9시부터 오후 9시까지 하루 종일 수업을 들어야 했다. 신한카드 분당지점장을 하고 있을 때였는데, 평일 수강은 분당에서 승용차로 왕십리에 있는 한양대학교 대학원을 가려면 고속도로로 가야 했다. 업무가 끝나고 가면 항상 고속도로가 막히곤 했다.

저녁을 주로 차 안에서 해결해야 하는데 김밥이 가장 무난했다. 하루는 차 안에서 물 없이 김밥만 먹는데 꾸역꾸역 먹으니 목이 메었다. 이러한 경우가 몇 번 있었는데 그럴 때마다 '내가 뭐 때문에 이런 고생을 해야 하지?'라는 생각이 들곤 했다.

그러나 학교에 가서 수업을 듣고 나서는 '참 잘했다'라는 생각이 들었다. 내가 모르는 학문을 배운다는 기쁨이 더 컸기 때문에 무사히 졸업한 것 같다.

45세에 시작한 학사, 석사 공부가 50세까지 5년이 걸렸다. 대학원 졸업을 하고 나니 그때 들려줬던 선배님의 얘기가 맞았다. 확실히 설명할 수 없는 무엇인가가 있었다.

지금 돌이켜 보면 석사과정을 마친 것은 참 잘했다고 생각한다. 왜냐하면 명리학 박사과정을 공부하기 위해서는 석사과정을 이수해야 하기 때문이다. 나는 기회가 되면 2019년도 하반기에 박사과정을 시작할 생각을 하고 있다.

10년 전에 명리학을
배웠더라면

명리학을 배우기 시작한 것은 2015년도 초다. 배우면서 가장 많이 들었던 생각은 '명리학을 10년 전인 2005년, 40대 중반쯤 배웠더라면 인생의 항로가 많이 바뀌었지 않았을까' 하는 생각이다. 1960년생인 내가 2005년도인 46세부터 명리학을 배웠다면, 스스로에 대해 잘 알고 미래의 기운을 예측해서 말과 행동을 조심하고 좀 더 겸손하게 생활했을 것이다.

돌이켜 보면 2005년도부터 12운성 상 기운이 좋아져서 2006년도(47세)에는 신한카드 강남지점장으로 승진했으며, 2007년도(48세)에는 신한카드 분당지점장으로 발탁되어 분당지점장 보직해임 전

43   1부. 명리(命理)

인 2009년도(50세)까지는 그야말로 최고의 전성기였다. 그런데 나는 그 좋은 시기를 모르고 쓸모없는 데 에너지를 소비하며 살았다.

2010년부터는 12운성 상 기운이 하향하는 시기인 병·사·묘를 맞이하게 되는데, 이때도 기운이 하향하는 시기이므로 판을 벌리지 않고 수성(기도, 공부, 선행)을 해야 했는데, 명퇴금과 대출을 몽땅 모아서 레스토랑을 개점하는 바람에 쉽지 않은 6년을 보냈다.

만약 명리학을 배워서 내 기운의 성쇠를 보았다면 규모가 작은 레스토랑을 했거나, 아예 1년여 동안 치열하게 사느라 못 다녔던 해외여행이라도 갔을 것이다.

또한 12운성 상 나의 일주인 병오(丙午)를 기준으로 관성(관직, 명예운)을 살펴보면, 절·태 위치로 관성이 약한 기운을 알았다면 합병당한 입장에서 임원을 하려고 무리하게 행동하지 않았을 것이다. 지점장으로서의 위치에서 최선을 다하며, 가정에 신경 쓰고, 재물을 모으는 데 더 정성을 들였을 것이다.

30대 후반에서 40대, 명리학을 배울 최적의 시간

30대 후반이나 40대인 독자들은 인생 2막을 어떻게 보낼지 상당한 고민을 하는 시기다. 나는 요행히도 바로 그 시기에 만난 와인을 평생 직업으로 삼을 수 있게 되어 다행이지만, 100세 시대를 맞은 요즘에는 많은 중년들이 50대 이후 100세까지 무엇을 할 것인지에 대해서 답을 찾지 못하고 있다.

그런 이들에게 명리학을 권한다. 반드시 시간을 내어 명리학을 배워, 어떤 일을 해야 나에게 좋은지 살펴보고, 나서야 할 때인지 물러날 때인지를 참고해서 지혜로운 항로를 선택하기 바란다. 나처럼 기회를 놓치고 후회하지 않으려면 말이다.

인생의 기회는 3번이 아니고, 4번, 5번 온다

'인생의 기회는 3번 온다'는 말이 있는데, 이것은 평균수명이 불과 58세~60세였던 1970년대 이전 이야기다. 초고령사회인 지금은 인생의 기회가 3번이 아니고 4~5번 온다. 따라서 30대 후반에서 40대인 분들은 60세까지가 아니고, 70~80세 이상 일을 하거나 활동을 할 수 있도록 본인의 기운과 때를 알고 준비하시길 권한다.

또한 60대 이상의 독자들은 활동기간이 다 끝났다고 생각하지 말고, 초고령화시대에는 인생의 기회가 1~2번(10년~20년) 더 남았다는 사실을 알고, 본인의 기운으로 어떠한 것을 하면 좋은지 찾아서 멋진 인생을 사시길 바란다.

내가 15년 전, 와인에 대한 강의를 할 때는 우리나라의 1인당 국민소득이 1만 3,000달러밖에 안 되어서 와인이 실생활에 대중화되지 못했을 때다. 전 세계적으로 살펴보면, 와인은 1인당 국민소득이 2만 달러는 되어야 대중화된다.

그때는 사람들이 와인을 배우려면, 불어를 배운다든가 영어공부를 더 해야 하는 것 아니냐는 질문도 많이 받았다. 그러면 나는 이렇게 설명했다.

"에어컨을 어떻게 만드는지 알 필요가 있습니까? 단지 에어컨을 껐다 켰다 할 수 있는 리모컨만 쓸 줄 알면 되죠. 와인을 어떻게 만드는지, 와인 산지의 특성이 무엇인지 등 어려운 내용은 생략하고, 어떤 와인을 골라서 좋은 사람들과 행복한 시간을 보낼 수 있는지만 알면 됩니다."

최근에 명리학 이야기기를 꺼내면 많은 사람들이 이와 결이 비슷한 질문을 한다.

"명리학은 한문이 많으니 한문을 배워야 하는 것 아니에요?"

그러면 나는 또 이렇게 설명한다.

"명리학을 배우는 데 필요한 한문은 딱 22개입니다. 10천간 12지지에 쓰이는 22개의 한문만 알면 문제없습니다."

천간과 지지

간지(干支)는 10개의 천간과 12개의 지지를 합해서 부르는 말이다. 천간은 양(陽)으로 하늘을 상징해서 하늘을 의미하는 천자를 붙여 천간(天干)이라 하고, 지지(地支)는 음(陰)으로 땅을 상징하기에 지지(地支)라고 부른다.

10개의 천간

십간(十干)이라고도 하며, 갑(甲), 을(乙), 병(丙), 정(丁), 무(戊), 기(己), 경(庚), 신(辛), 임(壬), 계(癸)의 10가지를 말한다.

십간을 오행으로 구분하면 갑과 을은 목(木)에 해당되고, 병과 정은 화(火)에 해당되며, 무와 기는 토(土)에 해당된다. 경과 신은 금(金)에 해당되고, 임과 계는 수(水)에 해당된다.

오행	목(木)		화(火)		토(土)		금(金)		수(水)	
천간	갑(甲)	을(乙)	병(丙)	정(丁)	무(戊)	기(己)	경(庚)	신(辛)	임(壬)	계(癸)
순차	1	2	3	4	5	6	7	8	9	10

십간

12개의 지지

십이지라고도 하며 자(子), 축(丑), 인(寅), 묘(卯), 진(辰), 사(巳), 오(午), 미(未), 신(申), 유(酉), 술(戌), 해(亥) 12가지를 말한다. 태어난 해를 기준으로 각 동물을 대입해서 '띠'라고 표현해왔다.

자는 쥐띠, 축은 소띠, 인은 호랑이띠, 묘는 토끼띠, 진은 용띠, 사는 뱀띠, 오는 말띠, 미는 양띠, 신은 원숭이띠, 유는 닭띠, 술은 개띠, 해는 돼지띠다.

지지	子	丑	寅	卯	辰	巳	午	未	申	酉	戌	亥
순차	1	2	3	4	5	6	7	8	9	10	11	12
동물	쥐	소	호랑이	토끼	용	뱀	말	양	원숭이	닭	개	돼지

십이지

십간십이지의 오행 소속

십간십이지를 오행으로 각각 나눌 수 있는데, 갑, 을, 인, 묘는 목(木), 병, 정, 사, 오는 화(火), 경, 신, 신, 유는 금(金), 임, 계, 해, 자는 수(水), 무, 기, 진, 술, 축, 미는 토(土)에 해당한다.

이때 진, 술, 축, 미는 오행의 관점에서는 토(土)에 해당하고, 사방(四方)의 관점에서는 각각의 방위에 해당된다. 십간십이지를 사방

의 관점에서 다시 분류하면, 갑, 을과 인, 묘, 진은 동방 목(木), 병,
정과 사, 오, 미는 남방 화(火), 경신과 신, 유, 술은 서방 금(金), 임,
계와 해, 자, 축은 수(水)에 해당한다.

4행	북방 수(水)			동방 목(木)			남방 화(火)			서방 금(金)		
천간	임		계	갑		을	병		정	경		신
지지	해	자	축	인	묘	진	사	오	미	신	유	술
5행	水		土	木		土	火		土	金		土

십간십이지의 오행 소속 표

십간십이지의 음양 구분과 순차음양, 활용음양

십간십이지에는 음양이 있는데, 천간과 지지의 상호작용에 활
용되는 '활용음양'과 60갑자 간지의 결합에 활용되는 '순차음양'이
있다. 천간은 순수 기운으로 완전수인 10개로 이루어져 있기에 순
차음양과 활용음양이 동일하지만, 지지는 순수 기운이 아니기에
12개로 이루어져 있으며, 순차음양과 활용음양이 같지 않다.

① 순차음양

십간십이지의 배열 순서에 따라 음양을 배정한 것을 순차음양

1부. 명리(命理)

이라고 하며, 갑자, 을, 축 등 천간과 지지가 결합해서 60갑자로 이룰 때 순차음양을 기준으로 해서 양간은 양간끼리 음간은 음간끼리 결합을 하게 된다.

천간은 갑부터 시작해서 순차적으로 1, 3, 5, 7, 9의 홀수에 해당하는 갑, 병, 무, 경, 임은 순차음양 양에 해당하고, 순차적으로 2, 4, 6, 8, 10의 짝수에 해당하는 을, 정, 기, 신, 계는 순차음양에 해당한다.

지지는 자로 시작해서 1, 3, 5, 7, 9, 11의 홀수에 해당하는 자, 인, 진, 오, 신, 술은 순차음양 양에 해당하고, 순차적으로 2, 4, 6, 8, 10, 12의 짝수에 해당하는 축, 묘, 사, 미, 유, 해는 순차음양의 음에 해당한다.

② 활용음양

60갑자의 결합 외에 십간십이지의 모든 작용에는 활용음양이 적용되는데, 천간은 순차음양과 동일하게 갑, 병, 무, 경, 임이 양에 해당하고, 을, 정, 기, 신, 계는 음에 해당한다. 십이지는 지지 속에 들어 있는 천간의 기운인 지장간(支藏干)의 정기에 따라 음양이 정해지는데, 인, 진, 사, 신, 술, 해는 양에 해당하고, 자, 축, 묘, 오,

미, 유는 음에 해당한다.

　　순차음양에서는 자와 오가 양에, 사와 해가 음에 해당하나 활용음양에서는 사와 해가 양이고, 자와 오가 음이 되어 음양이 바뀌게 된다.

나도 명리학을 배우기 전에는 명리학을 그냥 흔히 이야기하는 점치는 것으로 여겼다. 그러나 명리학은 미래예측을 하려고 했던 우리 선조들의 지혜가 모인 학문 중 하나다. 그런 점에서 민속학이며, 통계학적인 인류학이라고 보면 맞다. 우리의 민속학 중에 미래를 예측하는 학문은 크게 3가지로 나뉜다.

1. 점학(직관) : 주역, 무속
2. 상학(관찰) : 관상학, 풍수지리학
3. 명학(규칙) : 사주명리학

사주명리학이란 이름으로도 불리는 명리학은 태양을 중심으로 지구가 공전하고 자전하는 데 따른 규칙을 기본으로 한다.

동양의 전통 미래예측학 '사주명리학(四柱命理學)'

동서양을 막론하고 인류의 역사가 시작된 이래 개인이나 부족, 국가의 미래를 알기 위한 노력들은 여러 수단과 방법으로 끊임없이 지속되고 발전해왔다.

자연이 계절을 따라 변화하는 현상이나 그 안에 담긴 법칙을 통해, 또는 인류가 공통적으로 느끼는 영감이나 직관, 초자연적 현상이나 신의 존재에 의존하며 미래를 예측하기 위한 노력들이 여러 방법으로 시도되었다.

그중에도 동양은 특히 일정하게 변화를 거듭하는 대자연의 이치를 응용하는 미래예측학(未來豫測學)이 다양하고 깊게 발전했다.

이 가운데 일반에 가장 잘 알려져 있으며, 가장 대표적인 학문이 바로 사주학 또는 사주명리학이라고 할 수 있다. '개인이 태어난 출생 연월일시를 간지(干支) 8글자로 작성해서 그 간지에 음양오행을 배정, 생극제화의 원리로 개인의 운명(運命)을 알아가는 학문이다.

운명과 성품으로 '나'를 알자

명리학은 '자연의 이치'를 통해 하늘이 정해놓은 개인의 '운명'과 '성품'의 이치를 연구하는 학문이라고 할 수 있다.

즉 사주학과 명리학을 합친 용어인 '사주명리학'은 '사람이 태어난 출생 년·월·일·시(年·月·日·時) 사주팔자(四柱八字)를 자연의 이치로 분석해서 명(命)으로 정해진 운명적 요소와 성품적 요소를 읽어내는 학문'이라고 정의할 수 있을 것이다.

운명은 과연 정해져 있을까?

운명이 정해져 있다는 정명론(定命論)은 사람의 운명이 하늘에 의해 날 때부터 정해져 있고, 여기에는 개인의 선택적 요소가 전혀 없다고 본다.

그런데 과연 사람의 운명은 정말 정해져 있는 것일까? 아니면 선택에 따라 바뀔 수 있는 것일까?

만약 천명(天命)을 곧이곧대로 받아들여 사람의 운명이 세세한 것까지 모두가 정해져 있다고 한다면, 우리는 아무런 노력을 할 필요가 없을지도 모른다. 모든 것이 천명으로 정해져 있다면 노력을 하든지 말든지, 인생은 정해진 대로 흘러가게 될 것이기 때문이다.

사주명리학은 사주(四柱) 간지(干支)를 '자연의 이치'로 분석해서 명으로 정해진 '운명'과 '성품'을 분석하는 학문이다.

봄·여름·가을·겨울의 변화는 지구의 공전과 자전이 계속되는 한 지속될 것이다. 이렇게 대자연은 봄이 지나면 여름이 오고, 여름이 지나면 가을이 오는 계절의 변화를 한 치의 오차도 없이 계속하고 있다. 즉 어느 경우에도 겨울이 지났는데 봄을 건너뛰고 여름으로 가는 경우는 없다. 가을이 지났는데 겨울이 아닌 여름으로 다시 돌아가는 일도 없다.

즉 이렇게 대자연은 항상 추운 겨울이 지나면 따뜻한 봄이 오도록 정해진 것이며, 이러한 계절의 순환은 아무리 인위적으로 바꾸려 해도 바꿀 수 없다. 사주명리학이 말하는 '운명'이란 바로 이런 대자연의 이치로부터 생각하는 것이다.

겨울에 배가 고프다고 밭 갈고 씨앗을 뿌린다면, 이는 부지런함이 아니라 어리석음이 될 것이다. 겨울을 빨리 끝내 달라고 착한 일을 하고, 하늘에 정성을 들인다고 겨울이 일찍 끝나지는 않을 것이며, 반대로 나쁜 일을 한다고 겨울이 늦게 끝나지도 않을 것이다. 겨울은 단지 일정한 만큼의 주어진 시간이 지나야 봄으로 넘어가게 되어 있는 것이며 정해진 이치다.

그렇다면 대자연의 정해진 흐름 속에 인간의 노력들은 아무 의미가 없으며, 정해진 그대로 순종만 하며 살아가야 할 것인가? 물론 그렇지는 않을 것이다. 분명 겨울을 빨리 끝내거나 여름으로 바꿀 수는 없지만, 우리는 노력을 통해 겨울을 '덜 춥게' 지낼 수는 있을 것이다.

즉 개인의 노력으로 가능한 것은 겨울이라는 자체를 빨리 끝내거나 여름으로 바꾸는 것이 아니라, 겨울이라는 것을 받아들이고, 그 겨울 안에서 노력의 유무로 보다 추운 겨울을 맞이할 것인가, 따뜻한 겨울을 맞이할 것인가를 선택할 수 있는 것이다.

가을은 풍성한 계절이다. 씨앗을 많이 뿌린 부지런한 사람에게나 씨앗을 제대로 뿌리지 않은 게으른 사람에게나 풍성한 계절인 것은 사실이다. 씨앗을 뿌리지 않았어도 산과 들에 과일이 널려 있고, 이삭만 주워도 풍성함을 누리기에 감사한 계절인 것이다.

물론 가을이 누구에게나 '동등하게' 풍성한 것은 아니다. 가을의 기본적인 풍요는 명(命)으로 정해진 것이기에 누구나 누릴 수 있는 것이지만, 그 풍요의 정도는 개인이 씨앗을 얼마나 뿌리고 준비했는가에 달렸다.

이때 이 가을을 운명론(運命論)으로 해석하면, 누구나 누리게 되는 가을의 수확은 바로 천명(天命)으로 정해진 부분에 해당하고, 그 풍요를 얼마만큼 누리는가는 개인의 노력으로 선택이 가능한 부분에 해당한다고 볼 수 있다.

이와 같은 관점에 의해 천명적(天命的) 측면이 주(主)가 되기는 하지만, 운명에는 이미 정해진 부분과 개척해 나갈 수 있는 부분, 양 측면이 공존한다.

1부. 명리(命理)

아
이
고,
내
팔
자(八字)야
!

옛부터 우리 어르신들은 '팔자'라는 말을 많이 하셨다. 잘나가는 사람들에게 "저 사람은 무슨 팔자가 저리 잘나가나?" 하는 식이다. 반대로 살다가 힘든 일을 겪게 되면 "아이고, 내 팔자야", "내 팔자는 왜 이래?" 하며 한탄하기도 하셨다.

지금도 '팔자'라는 단어는 유효하다. 학교 다닐 때 공부를 잘했는데도 평범하게 살고 있는 친구가 있고, 학창 시절에는 공부도 못하고 친구 관계도 원만하지 못했는데 우연하게 사업에 손을 댔다가 대박 난 친구도 있다. 그런 걸 볼 때면 "세상만사 다 팔자 소관이야"라고 말한다. 일이 잘 풀리는 경우에도 '팔자' 탓이요, 일이 잘

안 풀리는 경우에도 '팔자' 탓이라며 일상에서 많은 일들을 '팔자' 탓으로 돌린다.

여기에서 '팔자'란 '사주팔자'의 준말이다. 사주학이 역술 중에서도 대중에게 가장 폭넓게 알려진 역술 분야라 일상에서도 자주 언급됐던 것이다. 그러다 보니 이와 관련된 미신이나 잘못 알려진 속설들도 적지 않다. 이로 인해 정신적으로나 물질적으로 피해를 입는 사례까지 있다.

사주학에 대한 사람들의 평가는 여러 가지다. 어떤 사람들은 역학을 신비주의적인 관점으로 보아 잘못된 속설까지 아무런 비판 없이 받아들이는가 하면, 어떤 사람들은 무조건적으로 아무 근거가 없는 미신(迷信)으로 치부해버리기도 한다.

사주학은 신비한 학문도 아니고, 근거가 없는 미신도 아니다. 또한 맹신의 대상도 아니고, 무조건 비판을 받아야 할 대상도 아니다. 정확히 알고 제대로만 활용한다면, 짧지 않은 인생의 여정에 훌륭한 안내자가 될 수도 있을 것이다. 그러기 위해서는 먼저 사주팔자에 대한 신비주의적 요소를 벗어 버리고, 객관적이며 논리적인 관점으로 바라볼 수 있어야 한다.

사주팔자(四柱八字), '4기둥'과 '8글자'

사주팔자라고 하면 말 그대로 4개의 기둥과 8개의 글자를 말하며, 지구상의 특정 지점에 대한 태양과의 상관관계를 기호로 표시한 것이다. 이때 년(年)과 월(月)은 지구의 공전(空轉)에 따른 태양과의 관계를 나타내며, 일(日)과 시(時)는 지구의 자전(自轉)에 따른 태양과의 관계를 나타낸다.

즉 사주팔자는 지구상의 특정 지점(누군가 태어난 지점)에서 그 시점에 따른 태양과의 상관관계를 기호로 표시한 것으로, 그 기준은 음력(陰曆)이 아니라 태양력(太陽曆 : 양력)이라고 할 수 있다. 실제 사주를 나타내는 간지(干支) 표기로 태양의 이동에 따른 절기나 계절은 알 수 있어도, 달의 삭망(朔望 : 초승달, 보름달) 등은 알 수 없다.

따라서 '사주(四柱)는 음력(陰曆)으로 보는 것이다'라는 말은 가장 많이 알려진 오류 중 하나다.

	시주	일주	월주	년주
천간	시간	일간 (본인)	월간	년간
지지	시지	일지 (배우자)	월지 (직업, 습관)	년지

사주팔자의 기준이 되는 양력

이렇게 태양을 기준으로 한 최초의 우주 기운 분포도인 사주팔자는 인간의 '생체코드' 정도로 볼 수 있으며, 이의 분석을 통해 인간사의 길흉화복을 예측할 수 있다고 보는 것이 사주학의 기본 견해다. 예컨대 한여름 점심 무렵인 오시(午時)에 태어난 사람은 태양의 뜨거운 기운을 많이 가지고 있을 것이기 때문에 더운 계절보다는 시원한 계절이 오면 삶의 질이 좋아질 것이다. 반면 한겨울 밤에 태어난 사람은 차가운 기운을 많이 가지고 있을 것이기 때문에 추운 계절보다는 따뜻한 계절이 올 때 삶의 질이 좋아질 것이라고 보는 식이다.

이때 출생 년·월·일·시 중 년(年)과 월(月)은 지구의 공전에 따른 태양과의 관계 변화를 나타내고, 일(日)과 시(時)는 지구의 자전에 따른 태양과의 관계 변화를 나타낸다. 그렇기 때문에 사주학의 기준은 음력이 아니라 양력(태양력)인 것이다. 앞서 말했듯 실제 누군가 태어난 년·월·일·시를 간지 표기로 바꾸어 놓은 사주팔자를 보면, 태양의 이동에 따른 절기나 계절과 낮과 밤 등의 시간은 알 수 있어도, 달의 삭망(초승달, 보름달)은 알 수 없다. 즉 사주학은 태양과의 관계 변화를 분석하는 학문이며, 음력은 전혀 반영되어 있지 않다. 따라서 사주는 양력을 기준으로 해서 봐야 한다.

일간(日刊), 사주팔자의 주인

앞서 사주팔자에는 4개의 기둥이 있다고 했다. 태어난 해의 천간 및 지지에 해당하는 '연주(年柱)'와 태어난 월의 천간 및 지지에 해당하는 '월주(月柱)', 태어난 날의 천간 및 지지에 해당하는 '일주(日柱)'와 태어난 시의 천간과 지지에 해당하는 '시주(時柱)'의 '4기둥'이다. 이중 연주와 월주는 지구의 공전에 따른 태양과의 관계 변화를 나타낸 것이고, 일주와 시주는 지구의 자전에 따른 태양과의 관계 변화를 나타낸 것이다.

사주팔자의 중심이 되는 것은 이 중에서도 지구의 자전을 의미하는 일주(日柱)다. 예로부터 시간의 가장 기본이 되는 단위는 1자전(自轉)인 하루였다.

4주(柱) 8자(字)의 기준, 일간(日干)

이렇게 태어난 날을 의미하는 일주는 천간을 의미하는 일간(日

干)과 지지를 의미하는 일지(日支)로 이루어져 있는데, 그중에서도 기준이 되는 것은 순수 기운을 의미하는 일간이다. 즉 사주팔자의 주인은 태어난 날의 천간에 해당하는 일간(日干)이다.

그렇기 때문에 사주에서 일간은 바로 '나'를 의미하며, 모든 분석의 기준이 된다. 즉 4기둥 중에 나보다 상위에 위치한 월주(月柱)는 나의 '부모' 또는 나의 '사회 무대' 등으로 표현이 되며, 부모보다 상위에 있는 연주(年柱)는 '조상'으로 표현된다. 또한 '나'인 일주보다 하위에 위치한 시주(時柱)는 자식에 비유되고, 일주의 지지인 일지(日支)는 통상 자신의 '몸체' 또는 '배우자' 등을 의미한다.

통상 사주를 분석해서 부모와 나와의 관계, 또는자식과 나와의 관계를 이야기하는 것은 이 자리에 대한 분석과 사주 전문 용어인 오성 십신(十神)이라는 또 다른 요소를 고려해서 말하는 것이다.

띠
이
야
기

자신의 띠를 제대로 모르는 사람 약 20%

사주명리학의 기본데이터(생체코드)로 쓰이는 사주팔자는 지구 상의 특정 지점에 대한 태양과의 상관관계를 기호로 표시한 것으로, 그 기준은 음력이 아니라 태양력(양력)이라고 할 수 있다. 따라서 24절기가 시작되는 입춘(보통 양력 2월 4일 전후)을 기준으로 띠가 바뀐다.

즉 2019년 2월 4일(입춘) 이후에 태어난 사람은 돼지띠가 되고, 2019년 같은 해지만 2월 4일(입춘) 이전에 태어난 사람은 작년도 띠, 개띠가 된다. 또 1980년 2월 3일에 태어난 사람은 그해의 띠인 원숭이(申)띠가 아니라 입춘(2월 5일)이 안 지났기 때문에 전년도(1979년) 띠인 양(未)띠가 된다. 내가 상담한 약 2,500여 명의 사례를 통해서 확인해본 결과, 보통 20%의 사람들이 자기 띠를 잘못 알고 사는 것 같다.

나와 맞는 사람, '삼합'

사람들의 적성이나 기운을 분석하는 것은 사주(생년월일시)를 물어보는 것이 제일 정확하다. 그러나 처음 만난 사람이나 주변 사람들에게 다짜고짜 생년월일시를 물어보기가 쉽지 않다. 대신 정확한 띠를 확인해서 '삼합'을 활용해볼 수 있다. 사람들과의 관계 및 기운을 분석해보자. 물론 100% 정확한 것은 아나나 상당 부분 공감할 것이다.

삼합(三合)

申(원숭이)	子(쥐)	辰(용)
巳(뱀)	酉(닭)	丑(소)
寅(호랑이)	午(말)	戌(개)
亥(돼지)	卯(토끼)	未(양)

1부. 명리(命理)

'삼합'이란

예를 들어 어떤 사람이 닭띠(酉)라고 가정하면, 같은 라인에 있는 뱀띠(巳,) 닭띠(酉,) 소띠(丑와)와는 절친이 되는 기운이 많으며, 바로 위 라인에 있는 원숭이띠(申,) 쥐띠(子), 용띠(辰)가 각각을 '리드'하는 기운이 많다.

바로 아래 있는 호랑이띠(寅), 말띠(午), 개띠(戌)는 반대로 잘 따르는 기운이 많다. 두 라인 차이가 나는 돼지띠(亥), 토끼띠(卯), 양띠(未)는 계절이 반대이므로, 조금은 껄끄러운 기운이 있을 수 있다.

이런 기운을 참고해서 만약 10명으로 팀을 만든다면, 9명은 바로 아래 라인에 있는 띠의 사람들로 구성하고, 1명은 두 라인 차이가 나는 띠의 사람을 구성하는 식으로 환상적인 팀 구성을 해볼 수 있다. 즉 나보다 바로 아래 라인에 있는 사람들은 나를 잘 따를 것이고, 두 라인 차이가 나는 사람은 내가 생각하지 못한 것과 보지 못하는 것들을 이야기해줄 것이다.

CEO 대상으로 '명리학과 셀프리더십' 강의를 하고 있는데, 이 삼합을 활용한 사람 간의 관계 분석이 인기가 높다.

천을귀인, 내게 도움을 주는 사람

'천을귀인'은 오래도록 내게 도움을 주는 좋은 기운을 가진 사람으로 해석하며, 일간에 따라 다음과 같이 구분할 수 있다.

일간이 갑, 무, 경인 사람의 천을귀인은 축, 미(소,양) 띠로,

일간이 을, 기인 사람의 천을귀인은 자, 신(쥐,원숭이) 띠로,

일간이 병, 정인 사람의 천을귀인은 해, 유(돼지,닭) 띠로,

일간이 신인 사람의 천을귀인은 인, 오(호랑이,말) 띠로,

일간이 임·계인 사람의 천을귀인은 묘, 사(토끼,뱀) 띠로 볼 수 있다.

일간	천을귀인
甲, 戊, 庚	丑, 未
乙, 己	子, 申
丙, 丁	亥, 酉
辛	寅, 午
壬, 癸	卯, 巳

천을귀인은 대운(10년 운), 세운(1년 운), 일진(하루 운)에도 활용하고 있으며, 하루의 시간 중에서도 쓰이고 있다.

음양설의 기원과 성립

동양의 모든 사상과 개념의 근저에는 대자연과 만물의 변화 원리인 음양오행설이 녹아 있고, 그 음양오행설 중에서도 근본이 되는 이론 체계가 음양설이다. 음양설은 모든 동양사상의 근간이 되는 이론 체계로, 세상만사와 우주 만물을 두 개의 상대적 관점으로 인식하는 사고 체계다. 하나의 본질을 양면으로 관찰해서 표현하는 이원론적 기호 체계라고도 할 수 있다.

즉 낮과 밤, 하늘과 땅, 태양과 달, 남자와 여자, 밝음과 어둠, 높음과 낮음, 큰 것과 작은 것, 강한 것과 약한 것, 먼저와 나중, 움직이는 것과 멈춘 것 등 세상의 모든 현상을 상대되는 두 가지 관점으로 나누어 구분하고, 이들 상대되는 두 요소의 대립과 조화로 우주 만물의 생장과 소멸이 이루어진다고 보는 사고 체계다.

어디서부터 시작됐을까?

음양의 개념은 인간이 최초로 느낄 수 있는 자연현상의 변화, 즉 낮과 밤의 변화로부터 시작되었다고 할 수 있다. 즉 고대의 인간이 최초로 느낄 수 있는 대표적인 자연현상은 밤과 낮의 변화일 것이며, 이렇게 인지되는 낮과 밤의 변화 현상은 지구의 자전에 의한 태양의 위상 변화에 의한 것이다.

낮에는 태양이 비추어 밝기 때문에 적극적으로 활동할 수 있지만, 밤에는 태양이 비추지 않아 어둡기 때문에 정상적인 활동을 할 수가 없다.

이렇게 태양이 비추는 낮에 양의 개념이 대입되고, 해가 진 밤에 음의 개념이 대입되어, 반복되는 낮과 밤의 변화가 곧 음양의 변화가 되고, 이에 의해 음과 양의 개념이 형성되기 시작한다.

사람이 활동하는 삶의 기준은 해가 떠 있는 낮이기에 양에는 밝고 긍정적이며 좋은 의미가 대입되고, 밤에는 어둡고 부정적이며 양에 비해 좋지 않은 의미가 대입되었다. 낮에는 적극적인 활동을 할 수 있기에 움직임이 강한 강과 동의 개념이 적용되고, 밤에는 보이지 않아 움직임이 약해지기 때문에 약과 정의 개념이 적용된다.

절대적인 음양과 상대적인 음양

사람이 눈을 감거나 뜨는 것도 음양이라고 할 수 있다. 즉 모든 사물을 볼 수 있는 눈을 뜬 상태가 양이고, 아무것도 볼 수 없는 눈을 감은 상태가 음이다.

눈 뜬 사람과 눈 감은 사람이 싸우면 누가 이길까? 당연히 눈 뜬 사람이 이긴다. 그래서 눈 뜬 상태인 양이 강한 것이고, 눈 감은 상태인 음이 약한 것이라고 할 수도 있다.

이때 해가 뜨고 지는 것은 객관적인 음양이지만, 사람이 눈을 감고 뜨는 것은 주관적인 음양에 해당한다. 즉 해가 뜨고 지는 것은 절대적 개념의 음양이고, 눈을 뜨고 감는 것은 상대적 개념의 음양이라고 할 수 있다.

절대적 개념의 양인 낮에는 눈을 뜨면 모든 것을 볼 수 있고, 눈을 감으면 아무것도 보이지 않게 되어 상대적 개념의 음양이 그대로 적용된다. 하지만 절대적 개념의 음인 밤에는 아무리 눈을 부릅떠도 볼 수가 없기에 상대적 개념의 음양이 적용되지 않는다. 즉 주관적 기준인 상대적 개념의 음양은 객관적 기준인 절대적 개념의 음양에 종속되어 절대적 개념의 음양이 상대적 개념의 음양보다 우선하게 된다.

오행은 왜?

오행설은 하나의 사상과 사유체계로 각 시대의 정치 및 문화 전반에 영향을 미쳤으며, 한편으로는 역시 음양설과 마찬가지로 일정한 이론체계를 갖추어 동양학 각 분야의 논리적 근거 및 기본 원리로 작용해왔다.

오행 개념은 처음에 《상서》 홍범의 정의에 의해 '첫째 수, 둘째 화, 셋째 목, 넷째 금, 다섯째 토로, 수는 적시고 내려가는 특성, 화는 타면서 올라가는 특성, 목은 굽고 곧은 특성, 금은 따르고 바뀌는 특성, 토는 심고 거두는 특성'을 나타냈다.

즉 다섯 가지의 요소가 각각 고유의 특성을 가지고 있으면서 이후 동중서(董仲舒) 등을 거치며 오행의 이론 체계인 상생상극((相生相剋)) 등이 가미되어 현재의 일반화된 통념으로 정리되었다. 현재 일반화된 오행 각각의 특성은 다음과 같다.

- 목은 '뻗어 나가는 기상'을 그 특성으로 하며, 물상으로는 '나무'에 대입되고, 계절로는 '봄'에, 하루의 시간으로는 '새벽'과 '아침'에 해당된다.
- 화는 '분산되는 기상'을 그 특성으로 하며, 물상으로는 '불'에 대입되고, 계절로는 '여름'에, 하루의 시간으로는 '오전과 한낮'에 해당된다.
- 금은 '따르고 바뀌고 통제하는 기상'을 그 특성으로 하며, 물상으로는 '쇠나 돌'에 대입되고, 계절로는 '가을'에 하루의 시간으로는 '오후'에 해당된다.
- 수는 '적시고 내려가고 수축하는 기상'을 그 특성으로 하며, 물상으로는 '물'에 대입되고, 계절로는 '겨울'에 하루의 시간으로는 '밤'에 해당된다.
- 토는 최초 '심고 거두는 특성'에서 의미가 발전해서 현재 '중

양', '중간'을 그 특성으로 하며, 물상으로는 '흙', '산'에 대입
되고, 계절로는 '늦여름, 환절기'에 해당된다.

간합(干合)

간합이란 '천간 합' 또는 '천간 오합', '천간 상합'이라고도 하며, 10개의 천간인 갑, 을, 병, 정, 무, 기, 경, 신, 임, 계를 순서대로 배열할 때 홀수 번에 위치해 있는 양간과 짝수 번에 위치해 있는 음간이 서로, 극제의 관계에 있는 나열 순서상 6번째인 천간과 합을 하게 되는 것을 말한다.

십간을 원으로 배열했을 때 서로 마주 보는 천간끼리 합을 하게 된다. 갑과 기의 합, 을과 경의 합, 병과 신의 합, 정과 임의 합, 무와 계의 합은 순서상 6번째와 합하기에 일명 '육합'이라고도 하며, 순서대로 배열할 때 1부터 5까지의 생수와 6부터 10까지의 성수가 합을 하기에 '생수와 성수의 결합'이라고도 한다.

합화(合化), 간합오행(干合五行)

합화 또는 간합오행이란 서로 다른 오행인 두 개의 천간이 상합을 통해 하나의 오행으로 변화하게 되는 것을 말한다. 양목인 갑은 음토인 기와 합해 토가 되고, 음목인 을은 양음인 경과 합해 금이 된다. 양화인 병은 음금인 신과 합해 수가 되고, 음화인 정은 양수인 임과 합해 목이 되며, 양토인 무는 음수인 계와 합해 화가 된다.

합은 합 자체만을 의미하는 것이고, 합화는 합을 해 오행의 변화가 일어난 상태를 의미한다.

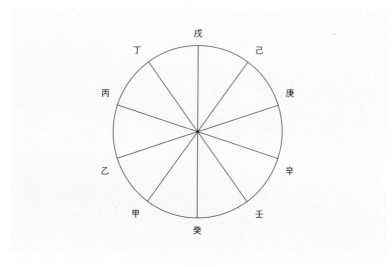

천간 합

간합의 성립 원리(오행 목, 화, 토, 금, 수의 1 : 2 상대)

십간은 순수한 오행의 기운으로 상생상극의 오행 순환운동을 원활하게 하며, 이 오행에 목, 화, 토, 금, 수가 배치된 상태를 오행 각각을 기준으로 분석해보면 다음과 같다.

목은 수와 화의 중간에 위치하며, 토와 금의 중간 지점과 정면해서 결국 토와 금의 두 세력과 동시에 상대하고 있다.

토를 기준으로 보면 토 역시 화와 금의 중간에 위치하며, 수와 목의 중간지점과 정면해서 결국 수와 목의 두 세력과 동시에 상대하고 있다.

금을 기준으로 보면 금 역시 토와 수의 중간에 위치하며, 목과 화의 중간지점과 정면해서 결국 목과 화의 두 세력과 동시에 상대하고 있다.

수를 기준으로 보면 수 역시 금과 목의 중간에 위치하며, 화와 토의 중간지점과 정면해서 결국 화와 토의 두 세력과 동시에 상대하고 있다.

즉 오행 원에서 목은 토와 금을 동시에 마주하며 상대하고, 화는 금과 수를 동시에 마주하며 상대한다. 토는 수와 목을 동시에 마주하며 상대하고, 금은 목과 화를 동시에 마주하며 상대한다. 수는 화와 토를 동시에 마주하며 상대한다.

이는 오행 원의 특성상 어느 오행이나 마찬가지로 하나의 오행이 '1 : 1 상대'가 아닌 '1 : 2 상대'인 것을 의미한다.

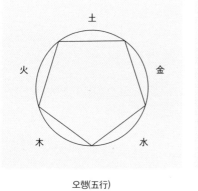

오행(五行)

대대(待對)

일반 상생과 상극

목은 화를 생해주고(목생화), 화는 토를 생해주며(화생토), 토는 금을 생해준다(토생금). 금은 수를 생해주고(금생수), 수는 목을 생해준다(수생토).

한편 목은 토를 극하고(목극토), 토는 수를 극하며(토극수), 수는 화를 극한다(수극화). 화는 금을 극하고(화극금), 금은 목을 극한다(금극목).

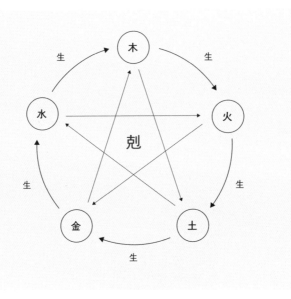

상생과 상극

천간 흐름의 겉보기 운동과 속보기 운동

오행과 십간의 흐름을 보면 양간은 양간끼리 서로 극(尅)과 생(生)을 하고, 음간은 음간끼리 서로 극과 생을 하는 것처럼 보인다. 즉 천간은 서로 극과 생을 통해 갑→을→병→정→무→기→경→신→임→계의 순으로 변화(흐름)하는 것처럼 보인다. 이것이 천간의 겉보기 운동이다.

이렇게 천간은 겉으로는 서로 극과 생을 하면서 흐르는 것처럼 보이지만, 속으로는 양간은 극하는 오행의 음간과 합(合)하고, 음간은 생하는 오행의 양간으로 화(化)하면서 흐르게 된다. 이것이 천간의 속보기 운동이다.

즉 겉으로는 천간 갑→을→병→정→무→기→경→신→임→계, 오행 목→화→토→금→수의 순서로 흐르는 것처럼 보이지만, 속으로는 천간 갑→기(합)→경→을(합)→병→신(합)→임→정(합)→무→임(합)→갑의 순으로 흐르게 된다.

이때 목의 운동으로 살펴보면 갑과 을의 변화 과정 중에 기와 경으로 토와 금의 기운이 내포되어 있듯이 하나의 오행 운동 중에 오행원상 마주 보며 상반되는 두 개의 오행 기운을 내포하게 된다.

천간의 이러한 겉보기 운동과 속보기 운동은 운의 흐름에 대한 분석 시에 겉으로는 희신대운(喜神大運)에 해당하더라도 일시적으로 불행의 시기가 있을 수 있게 되며, 반대로 겉으로는 기신대운(忌神大運)에 해당하더라도 일시적으로 행운의 시기가 있다는 것을 설명할 수 있는 근거가 된다.

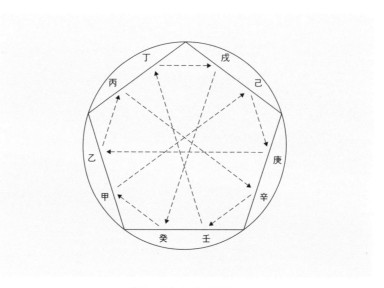

천간 흐름의 새로운 메커니즘

남자에게 관성이 자녀가 되는 원리

매 양간은 자신이 극하는 오행의 음간과 합을 하게 되고, 이의
결과로써 변화한 오행의 극을 받게 된다. 즉 목의 양간인 갑목(甲木)
은 자신이 극하는 토의 음간인 기토(己土)와 합해 경금(庚金)을 낳게
된다.

이를 인간사 부모와 자식 간에 비유해보면 남자는 직접 자식
을 낳을 수가 없어 여자를 통해서만 자녀를 생산할 수가 있듯이,

경금은 남자의 자식에 해당하며, 여자에 해당하는 을목(乙木)은 남자에 해당하는 관성 경금과 합해 자식인 병화(丙火)를 낳게 된다. 그런데 을목이 낳은 이 병화는 을목 입장에서는 자신이 생(生)해준 식상(食傷)에 해당하지만, 남자인 갑목의 입장에서 보면 경금은 자신을 극하는 관성(官星)에 해당한다. 그렇기 때문에 여자에게는 식상이 자녀가 되지만, 남자에게는 관성이 자녀가 되는 것이다.

즉 새롭게 밝혀진 천간 흐름의 메커니즘을 통해 왜 하필 남자에게 인성(印星)이 아닌, 관성이 자녀에 해당하는지에 대한 원리가 설명되는 것이다.

뿐만 아니라 이와 같이 새롭게 밝혀진 천간 흐름의 메커니즘은 양간과 음간의 속성을 분석할 수 있는 새로운 기준이 될 수 있다. 또한 10천간의 드러나는 속성과 감추어져 있는 속성을 파악할 수 있는 기준이 되고, 운(運)의 해석 시에 절대운(絕對運)과 상대운(相對運)을 구분하는 근거 중 하나가 될 수 있다. 또한 겁재(劫財)나 양인살(羊刃殺)이 난폭함을 상징하게 되는 원리를 밝히는 근거가 되는 등 사주명리학의 여러 이론에 대한 원리를 제공하게 된다.

상충, 비워지고
다시 채워지는 것

지지의 상충

인신(寅申), (목과 금의 맹지)

묘유(卯酉), (목과 금의 왕지)

진술(辰戌), (목과 금의 고지)

사해(巳亥), (화와 수의 맹지)

자오(子午), (화와 수의 왕지)

축미(丑未), (화와 수의 고지)

앞의 여섯 가지 경우로 육충(六沖)이라고도 하며, 12개의 지지에서 지지를 순서대로 원에 배열했을 때 마주 보는 지지끼리의 관계를 충(沖) 또는 상충(相沖)이라고 한다. 상대방을 격사(擊射)하는 것이라고 표현하기도 하고, 불같이 급한 지지끼리의 싸움으로 표현하기도 한다.

또한 서로 배반되는 오행에 대한 극해 정도의 표시로 그 극해의 정도가 가장 심한 것을 말하기도 한다.

충(沖)은 마주 보는 지지 사행 간의 상호작용

충은 천간의 극(剋) 현상이 지지에서 형상화되어 나타난 것으로, 사주학에서 아주 중요한 역학을 하게 된다. 즉 지지는 이미 매개체 토의 작용에 의해 일정한 형체를 갖추기 있기 때문에 충의 영향력이 상당히 크다고 할 수 있다.

천간은 순수 기운이며, 각각의 오행이 1:1로 마주하는 경우가 없기 때문에 상호 충을 하지 않고 일방적인 극만 하게 된다. 그러나 지지는 형체이며 사행(四行)이기 때문에 1:1로 서로 마주하고 있어서 상호 충을 하게 된다.

충이란 오행 고리에서 토가 빠진 지지의 사행이 서로 마주 보는(극하는) 목과 금, 수와 화 간의 동일한 '맹지와 맹지', '왕지와 왕지', '고지와 고지'끼리의 충돌 관계로써 변화를 의미하며, 이미 '진행 중인 일의 중단'과 '새로운 일의 시작' 등을 암시한다.

즉 토가 빠진 지지 사행 중 인, 묘, 진 동방 목과 신, 유, 술 서방 금 간의 상호 충돌 관계가 인신(寅申)상충, 묘유(卯酉)상충, 진술(辰戌)상충이고, 해, 자, 축 북방의 수와 사, 오, 미 남방의 화 간의 상호 충돌 관계가 사해(巳亥)상충, 자오(子午)상충, 축미(丑未)상충이다.

지지의 충은 사주명리학에서 아주 중요한 역할을 하게 된다. 지지는 천간의 기운이 토의 보조적 역할의 조력을 받아 일정한 형상을 갖추고 고형화되어 있기에 충의 영향이 극히 크게 작용된다. 즉 천간무형 기운의 극(剋) 현상이 지지에서 형상화되어 충의 형태로 나타나게 되며, 이때는 이미 형상의 틀을 갖춘 상태이기에 그 영향력이 상당히 크게 나타난다.

비워지고, 다시 채워지는 충(沖)

충(沖)의 의미는 이미 충돌로 인한 일의 이후 실체의 형상을 의미한다. 지지의 변화, 즉 오행 운동의 변화의 양상이며, 충돌 또는 중단 등으로 이제까지의 실체가 무(無), 즉 공(空)의 상태로 되며 이에 또 다른 시작이 채워지는 것이라 볼 수 있다. 이는 순수한 오행의 기운이 아니고, 이미 사건이 발생한 지지의 변화 형상이다.

즉 여기에서 충의 본뜻은 '비워진다'이지만, 이것은 이미 '충돌한다'라는 의미와 충돌 등으로 인해 '이제까지 채워 있던 것이 비워진다'라는 의미, '비워진 자리에 다시 채워진다'라는 뜻을 내포하고 있는 것이다.

1/2만 충한 상태

사주 분석에서 중요하게 쓰이는 상형은 다음과 같다.

형(刑)이란 토가 빠진 지지의 사행이 순환하는 과정에서 나타나는 부작용이라고 할 수 있다. 즉 지지 사행이 '목화의 대양(大陽)에서 금수의 대음(大陰)으로 또는 금수의 대음에서 목화의 대양으로' 변화하는 과정에서 토가 본연의 제 역할을 하지 못함으로써 발생하는 부자연스러운 현상을 의미한다.

지지는 충으로 완전한 변화를 가져와야 하는데, 형은 완전한 충이 되지 못하는 반충(半沖)의 현상으로 변화의 움직임은 있으나 완전한 변화를 가져오지는 못하면서 생기는 문제라고 할 수 있다.

형(刑)은 정상적인 변화가 아니기에 헤어지지도 죽지도 않으며, 또한 버리지도 못하고 끝가지 가져갈 수밖에 없는 업(業)을 의미한다고 볼 수 있다. 그렇기 때문에 사주학에서는 형(刑)을 중요하게 다루고 있다.

형은 지장간에 문제를 가져오기는 하지만, 충(沖)처럼 완전히 부실하게 되지는 않기에 지장간이 건재해서 각자의 천간을 호응해 주는 통근(通根)의 역할을 하게 되며, 인접해 있는 충(沖)과 합(合)을 해소시키는 역할을 하지는 않는다.

지지의 형은 충과 마찬가지로 사주학에서 중요하게 다루어지는 부분으로 통상 형상(形殺) 등으로 불리운다.

형(刑)의 종류

일반적으로 형은 인사신(寅巳申)과 축술미(丑戌未)의 삼형(三刑)과 자묘(子卯)와 진오유해(辰午酉亥)의 자형(自刑)으로 나누어진다.

인사신 삼형 : 사(四) 맹지(孟支) 중 해만 제외되어 있다.

축술미 삼형: 사(四) 고지(庫支) 중 진만 제외되어 있다.

자묘형

진진형 자형

오오형 자형

유유형 자형

해해형 자형

이들 중 화와 금의 관계는 삼형살로 대표되는 인사신과 축술미이며, 수와 목의 관계는 기타 형인 자묘형과 진진형, 해해형 등이다

인사신 삼형에서 주가 되는 것은 한 몸에 화와 금을 모두 가지고 있는 '사'가 되며, '인사' 또는 '사신'만 가지고도 형이 성립된다. 단 '사'가 빠진 '인신'은 지장간 모두가 다 충을 하기에 형이 아닌 충에 해당한다.

축술미 삼형에서도 주가 되는 것은 한 몸에 화와 금을 모두 가지고 있는 '술'이 되며, '축술' 또는 '술미'만 가지고도 형이 성립된다. 단 '술'이 빠진 '축미'는 지장간 모두가 다 충을 하기에 형이 아닌 충에 해당한다.

12지지가 모두 형에 해당하지만 그중 삼형의 경우를 작용력이 크다고 보는데, 인사신은 주로 대외적인 문제인 관재구설 등으로 나타나는 경우가 많다고 하고, 축술미는 주로 대내적인 문제로 건강 문제, 즉 수술 등으로 나타나는 경우가 많다고 한다.

한의학과 명리학의 관계

명리학은 선조들의 지혜였고, 옛날 왕궁에서도 천(天), 지(地), 인(人) 학문을 담당하는 학자들이 있었다. 인의 학문은 한의학이었고, 지의 학문은 풍수지리학, 천의 학문이 명리학이었다. 명리학을 담당하는 학자는 왕궁에 있을 때나 퇴직을 해서 낙향을 하더라도 함부로 입을 열면 안 되었다. 왜냐하면 사주에 왕이 될 사람이 나타나기 때문에 누가 왕이 될 사주를 갖고 있다고 얘기하면, 그 사람을 왕으로 세우면서 권력다툼이 벌어지기 때문이었다.

한의학은 1970년 전후부터 대중화되면서 사람들에게 완전히 인정을 받아왔고, 풍수지리학은 어느 정도 인정을 받고 있지만, 명리학은 아직도 사람들에게 인정받지 못하고 있다. 사실 명리학은 귀족들이 공부하는 귀족학문이었다. 그날 벌어서 그날 끼니를 때우는 서민들은 명리학을 공부할 수 있는 여건이 안 되었다.

	오장	육부
	음	양
목	간장	담
화	심장	소장
토	비장	위장
금	폐장	대장
수	신장	방광(자궁)
	육부	호흡기관
	(삼기, 삼초)	소화기관
		비뇨기관

사람들의 사주에 있는 오행(목화토금수) 중 아예 없거나 아주 많은 오행을 참고해서 오장육부 기운을 한의학에서 쓰고 있다.

나에게 명리학이란 통계적 지혜를 바탕으로 인생의 긍정에너지를 끌어 올리는 하나의 사고방식이다. 그래서 나의 강의 타이틀을 '긍정명리학'이라고 이름 지었다. 신앙으로 여길 필요도 없고, 점쟁이의 근거 없는 낭설로 여길 필요도 없다. 다만, 자신의 에너지와 생애주기, 리듬에 대해서 하나의 의지할 만한 근거를 가지게 되며, 그로 인해 찾아오는 평안을 무기로 좀 더 긍정적인 삶의 에너지를 찾아가면 된다.

나도 삶이 왜 안 풀리는지 궁금할 때 명리학을 배우게 됐다. 60대에 접어든 지금, '명리학을 조금 더 일찍 배웠더라면 어땠을까…' 하는 아쉬움도 들지만, 그래도 지금에야 알았기에 조금이나마 행복한 삶을 살게 되었다고 생각한다.

암기가 필요한 부분

명리학을 배우기 위해서는 꼭 암기가 필요한 부분이 있다. 다른 학문과 마찬가지로 명리학의 내공이 깊어지려면 때에 따라서는 암기를 해야 된다. 요즈음에는 명리학을 배우는 사람들이 많이 생겼는데, 암기해야 할 때 암기를 안 하고는 어렵다고만 한다. 꼭 암기해야 할 부분은 다음과 같다.

① 한문 22개

명리학을 배우기 위해서 한문은 천간지지 22개만 알면 되는데, 22개의 한문은 반드시 암기가 필요하다.

천간	갑(甲)	을(乙)	병(丙)	정(丁)	무(戊)	기(己)	경(庚)	신(辛)	임(壬)	계(癸)
순차	1	2	3	4	5	6	7	8	9	10

천간 10개 한문

지지	자(子)	축(丑)	인(寅)	묘(卯)	진(辰)	사(巳)	오(午)	미(未)	신(申)	유(酉)	술(戌)	해(亥)
순차	1	2	3	4	5	6	7	8	9	10	11	12

지지 12개 한문

② 음양·오행 : '1부 음양·오행이란?' 참조

③ 오성 십신(육친) : '2부 오성 십신(육친) 이해하기' 참조

④ 대운 : '2부 곡선이 큰 주기(대운)' 참조

⑤ 지장간 : '2부 지장간(支藏干)' 참조

⑥ 12운성 : '1부 6년간 경영했던 레스토랑 문을 닫다' 참조

⑦ 상생상극 : '1부 상생과 상극' 참조

⑧ 상충 : '1부 상충, 비워지고 다시 채워지는 것' 참조

⑨ 상형 : '1부 상형' 참조

왕초보도 행운의 시기를 알 수 있다

대자연과 역사의 흐름은 일정한 패턴을 가지고 있고, 변화되는 모든 현상에는 징조가 나타나게 되어 있어, 예로부터 현명(賢明)한 사람은 그 징조를 분석해 일어날 사태를 미리 대비하는 지혜를 발휘해왔다.

사람의 삶 역시 대자연 흐름의 일부이기 때문에 주변의 조짐과 징조를 분석해보면 때의 흐름을 알 수 있게 된다. 이 흐름 분석을 통해 하늘이 허락하는 행운의 시기에 최대한의 노력을 기울인다면 많은 성공을 이루게 될 것이다.

주변 사람의 성향을 통해 행운의 시기를 아는 법

지금부터 3년간 운이 좋다
뭐든 시작해라 하늘은 나의 편이다

- 우연히 현재 사회적으로 성공한 위치에 있는 사람들과 인연이 된다.
- 우연히 많은 모임과 단체에 가입하게 되고, 그곳에서 인정을 받게 된다.
- 몇 년간 소식 없던 사람들로부터 반갑게 연락이 오고, 만나게 된다.
- 불편하게 지낸 지 오래된 사람들이 먼저 화해를 청하는 행동을 보인다.
- 주변 사람들이 자꾸 밥 사준다고 만나자고 한다.
- 특별히 잘한 것도 없는데 주변에서 잘한다고 칭찬한다.
- 보는 사람마다 얼굴에 화색이 도는데 좋은 일 있냐고 묻는다.
- 가는 곳마다 나를 실제 이상으로 평가해준다.

- 지나온 몇 년이 좋은 시기가 아니었고, 몇 년간 되는 일이 없었다.
- 지나온 몇 년에 비해 최근 들어 주변 사람들의 표정이 밝아 보인다.
- 내 성격이 좀 까다롭고 예민했는데, 최근에는 너그러워지고 여유가 생긴다.
- 작지 않은 실수를 했는데 평소보다 대수롭지 않게 넘긴다.
- 우연히 작은 일을 했는데 기대 이상의 평가를 받고 찬사를 듣는다.
- 최근 들어 비록 당장 큰 소득은 없지만 상당히 바빠지고 있으며 능력을 인정받고 있다.

주변 사람의 성향을 통해 물러날 때를 아는 법
- 사소한 실수가 큰 오해를 불러오는 일이 자주 생긴다.
- 오해가 생겼는데 해명을 하려 해도 일이 더 꼬이기만 한다.
- 예전에는 감히 나에게 함부로 대하지 못하던 사람이 은연 중에 나를 무시한다.
- 믿었던 사람이 믿음을 배신하고, 의지가 되었던 사람이 떠

나간다.

- 평소에 익숙하고 수월하게 처리되던 일이 이상하게 꼬인다.

- 이유 없는 짜증이 나고 공허함을 느낀다.

- 주위 사람들이 사소한 작은 실수에도 화를 내거나 불편해 한다.

- 신체의 모든 기능들이 정상적으로 돌아가지 않는 것 같다.

- 부부 또는 가족 등 가까운 사람들과 불편한 관계가 자꾸 생긴다.

- 무엇인지 모르는 막연한 불안감이 지속적으로 떠나지 않는다.

- 나름대로 철저히 준비해도 꼭 돌발 사태가 생긴다.

- 내 돈 내고 고생도 내가 하는데, 생색은 남이 내는 일이 자주 있다.

- 하기 싫은 일을 해야 할 경우가 자주 생긴다.

성실과 노력 외의 또 다른 요인

우리는 살아가면서 누군가가 능력이나 기대 이상으로 잘나가게 되면 '운(運)이 좋다'고 표현하고, 반면 성실하고 능력이 있는데도 불구하고 일이 잘 풀리지 않으면 '운이 나쁘다'고 이야기를 한다. 이러한 말들은 우리가 세상을 살아가면서 사회적 성공을 이루어 나가는 데, 능력과 노력만 가지고는 부족한 부분이 있다는 것을 의미한다.

즉 우리는 누구나 보다 나은 삶을 이루기 위해 의지와 정열을 담아 최선의 노력을 기울이지만, 우리의 삶 속에는 분명 우리 의지와는 무관하게 흘러가며, 우리 삶의 정도를 결정짓는 또 다른 요인이 존재하고 있다는 것을 의미하는 것이다. 통상 우리는 그 또 다른 요인을 운이라고 부른다.

운은 항상 일정한 반복의 패턴을 가지고 흐르게 되어 있다. 정도 차이는 있지만 누구에게나 몇 번의 기회는 오게 되어 있는데, 문제는 '이 기회를 얼마나 잘 활용하느냐'일 것이다.

보통 운의 흐름은 '좋은 운'이든, '좋지 않은 운'이든 한 번 오면 3~4년씩을 주기로 흐르게 되어 있다. 즉 행운(幸運)의 시기가 지속되는 것도 3~4년이요, 아주 좋지 않은 흐름 속에 고전(苦戰)하는 것도 크게 보면 '3~4년'이다.

현명한 사람과 어리석은 사람

현명한 사람은 우연히 좋은 운을 만나게 되어 사회적으로 높은 위치에 있게 될 때 자신의 능력에 비해 과분한 대우를 받는다는 것을 스스로 깨닫는다. 또한 자신의 능력보다 크게 일이 성사된 것은 운이 따라 주었기 때문이라는 것을 알고, 그 행운은 항상 주어지는 것이 아니라는 것 또한 알아채어, 그 위치에 어울리고 그 능력에 부합되도록 부단히 노력해서 부족함을 메워나간다.

그래서 행운의 시기가 지나가고 더이상 운이 따라주지 않을지라도 이미 그 자리를 유지할 충분한 실력을 갖추었기에 큰 어려움 없이 넘어가게 된다.

반면 어리석은 사람은 행운의 시기를 만나 사회적으로 높은 위치에 있게 되고 자신의 능력 이상으로 큰일이 성사될 때, 처음에는 좀 얼떨떨하다가 어느 순간부터는 그것이 오로지 자신의 능력 때문인 것이라고 착각하게 된다.

즉 자기는 대충만 해도 모든 일들이 잘 풀리게 되어 있다고 생각하고, 주변에 자기보다 뛰어난 사람들이 운이 허락하지 않아 능력을 발휘하지 못하고 있을 때, 그 능력을 객관적으로 분석하지 못하고 자신은 당연히 그들보다 뛰어나다고 생각하며 교만해진다.

그러다 행운의 시기가 다 지나가고 더 이상 운이 따라주지 않을 때인데도 예전과 같은 안일한 방법으로 일을 대충 처리하게 된다.

운이 좋을 때는 대충 처리해도 일이 잘 진행되지만, 운이 좋지 않을 때는 보다 완벽하게 처리해도 돌발 사태 등이 생기게 될 수 있기 때문에 매사에 더욱 많은 노력과 신중을 기해야 하는 것이다.

어리석은 사람은 이미 운이 기울었는데도 교만 때문에 이를 알지 못하고 대충 처리하다가 일이 예전처럼 제대로 이루어지지 않고 문제가 생기면 당황한다. 자신의 능력 부족은 모르는 채 '예전에는 같은 방법으로 해도 되었는데 이번엔 왜 안 되느냐'면서 '사회가 불공평하다'는 등의 불평만 하는 패자가 된다.

태양을 중심으로 지구가 공전하는데 그 기간은 1년 걸린다. 그
래서 지구는 온도가 달라도 어느 곳이나 봄·여름·가을·겨울 4계
절이 온다. 봄이 가면 여름이 오고, 여름이 가면 가을이 오고, 가
을이 가면 겨울이 온다. 아무리 추워도 겨울이 지나가면 또 봄이
온다.

한편 지구가 자전을 하는데 그 기간은 하루가 걸린다. 그래서
매일 해가 뜨고 해가 진다. 1년 동안 4계절과 매일 낮과 밤은 일정
한 주기를 갖고 오고 간다. 지구가 태양을 중심으로 공전과 자전을
하는 한 이러한 규칙은 반복될 것이다.

인생사도 지구의 공전과 자전의 규칙을 닮았다. 잘나가는 때가 있고 힘든 때가 있다. 현재 잘나가는 것 같지만 영원히 잘 나가지는 않는다. 또한 현재 힘들지만 영원히 힘들지만은 않다. 나도 기해년인 2019년도에 60세가 되면서 되돌아보니 그 규칙이 맞는 것 같다.

잘나갈 때는 억대의 연봉을 받으면서 금융기관 지점장을 지낸적도 있었고, 퇴직을 하고 바로 창업해서 6년간 운영했던 레스토랑을 2017년 4월 말일자로 문을 닫고 개인회생을 신청해서 살아오면서 쉽지 않은 생활을 했다. 지나고 보니 그 힘든 때에 반드시 좋은 날(기운)이 온다는 것을 알고 잘 버티어 온 것 같다.

어느 사람이 하늘에 매일 기도를 했다. '제발 로또 복권 1등이 되게 해주세요'라고 새벽기도를 1년 동안 했는데, 어느 날 하늘에서 응답이 왔다.

"너의 정성이 지극하니 로또 1등이 되게 해줄게⋯. 근데 로또는 샀는가?"

로또가 1등이 되려면 우선 복권을 사야 1등이 될 텐데 그 사람은 복권을 사지도 않고 매일 기도만 했다는 우스갯소리다.

기운이 좋을 때, 이른바 잘나갈 때는 내려갈 준비를 하고, 기운이 안 좋아서 힘들 때는 언젠가 반드시 기운이 올라간다는 확신을 갖고, 올라갈 준비를 해야 할 것이다.

　　나에게 힘든 시기가 지나고 좋은 기운이 왔는데, 그 좋은 기회(기운)를 잡을 수 있는 준비를 해야 할 것이다. 좋은 기회(기운)가 왔는데도 자기가 받아들일 그릇이 안 되고 준비가 되지 않았다면 인생이 달라지지 않는다.

　　새벽 동트기 전이 제일 어두운 법이다. 반드시 해는 뜬다. 좋은 기회(기운)가 올 때 잘 잡을수 있도록 평소에 공부를 하면서 준비를 하고 있어야 할 것이다.

2부

실전
사주
읽기

실전
사주
읽기

누구나 자신의
사주를 읽을 수 있다

불과 수년 전만 해도 국어대사전만한 만세력(태어난 생년월일시에 따라 사주팔자를 찾아보는 책)을 보면서 사주팔자를 찾아보았는데, 이제는 만세력 애플리케이션이 많이 제작되어 무료로 쉽게 볼 수 있는 세상이다. 나이 드신 할아버지가 돋보기를 쓰고 큰 책을 넘기면서 사주팔자를 찾던 장면을 생각해보면, 정말이지 상전벽해다.

무료로 쓰는 만세력 애플리케이션이 많지만, 그중에서 나는 비교적 데이터가 정확한 원광디지털대학교에서 만든 '원광만세력'을 추천한다. 그밖에 유료로 구입할 수 있는 애플리케이션 '석하리듬'을 참고한다. 석하리듬은 1부에서 소개했던 소재학 교수님이 개발하신 것이다. 10년 주기로 보는 석하리듬 애플리케이션은 대중보급용으로 만들어졌다.

원하는 대로 만세력 어플을 받아 직접 사주를 풀이해보자.

한 사람의 생년월일시로 사주 분석해보기

1960년 3월 19일 (양) 오후 9시 10분 출생

만세력								
(양) 1960년 03월 19일								
남자(음) 1960년 02월 22일 21:10 대한민국								
(正) 1960년 3월 19일 21:10 (−30분)								
상관		일원		상관		편재		
己		丙		己		庚		
亥		午		卯		子		
편관		겁재		정인		정관		

木(1)　　火(2)　　土(2)　　金(1)　　水(2)

戊甲壬		丙己丁			甲乙		壬癸	
86	76	66	56	46	36	26	16	6
戊	丁	丙	乙	甲	癸	壬	辛	庚
子	亥	戌	酉	申	未	午	巳	辰
2022	2021	2020	2019	2018	2017	2016	2015	2014
壬	辛	庚	己	戊	丁	丙	乙	甲
寅	丑	子	亥	戌	酉	申	未	午

예시사주

양력이든, 음력이든, 한 개만 입력하면 자동으로 양력, 음력이 모두 나온다.

사주풀이는 아는 만큼 보인다. 똑같은 사주를 띄워놓고도 푸는 사람마다 의견이 다른 것이 사주다.

사주팔자의 분석

만세력			
(양) 1960년 03월 19일			
남자(음) 1960년 02월 22일 21:10 대한민국			
(正) 1960년 3월 19일 21:10 (−30분)			
상관	일원	상관	편재
己	丙	己	庚
亥	午	卯	子
편관	겁재	정인	정관

木(1) 火(2) 土(2) 金(1) 水(2)

戊甲壬		丙己丁			甲乙		壬癸	
86	76	66	56	46	36	26	16	6
戊	丁	丙	乙	甲	癸	壬	辛	庚
子	亥	戌	酉	申	未	午	巳	辰
2022	2021	2020	2019	2018	2017	2016	2015	2014
壬	辛	庚	己	戊	丁	丙	乙	甲
寅	丑	子	亥	戌	酉	申	未	午

검정색 박스 안에 표시된 8개의 글자를 '사주팔자(四柱八字)'라고 한다. 오른쪽부터 '년주, 월주, 일주, 시주'라고 해서 4개의 기둥(柱)이 있고, 글자가 총 8개, 즉 팔자(八字)가 있다. 지구상의 특정 지점에 대한 태양과의 상관관계를 기호로 표시한 것이다.

년과 월은 지구의 공전에 따른 태양과의 관계를 나타내며, 일과 시는 지구의 자전에 따른 태양과의 관계를 나타낸다. 즉 사주팔자는 지구상의 특정 시점(누군가 태어난 시점)에서 우주의 기운을 읽는 것이다.

사주팔자의 8개 글자는 자리에 따라 다음과 같이 설명할 수 있다.

	시주	일주	월주	년주
천간	시간	일간 (본인)	월간	년간
지지	시지	일지 (배우자)	월지 (직업, 습관)	년지

사주팔자의 윗부분을 천간이라 하는데, 이는 하늘의 기운, 마음, 이상을 뜻한다. 아래부분을 지지라 하는데, 이는 땅의 기

운, 현실, 행동을 뜻한다. 8개의 자리마다 각각 이름이 있다. 윗부분의 오른쪽부터는 년간, 월간, 일간, 시간으로 불리고, 아랫부분의 오른쪽부터는 년지, 월지, 일지, 시지로 칭한다.

통상 년주는 조상을, 월주는 부모를, 일주 중 일간을 '본인' 자리로, 일지를 '배우자'로 보고 있다. 시주는 '자식' 자리로 보고 있다.

요즈음은 나이로 분석할 때 보통, 년주는 20세까지를, 월주는 20~40세까지를, 일주는 40~60세까지를, 시주는 60세에서 말년으로 풀이한다. 초고령화 시대를 맞이하면서 나이 분석은 구간마다 5~10세씩 늘어날 것으로 예상한다.

천간은 앞서 말한 대로 10개다. '갑, 을, 병, 정, 무, 기, 경, 신, 임, 계'인데, 이 중 '양(陽)'은 갑, 병, 무, 경, 임으로 나뉘고, '음(陰)'은 을, 정, 기, 신, 계로 나뉜다.

지지는 12개가 있는데 '인, 묘, 진, 사, 오, 미, 신, 유, 술, 해, 자, 축'으로 '인묘진(寅, 卯, 辰)'은 봄, 사오미(巳, 午, 未)는 여름, 신유술(申, 酉, 戌)은 가을, 해자축(亥, 子, 丑)은 겨울로 분류한다. 따라서 인묘진, 사오미는 양으로, 신유술, 해자축은 음으로 나뉜다.

예시사주 분석

만세력			
(양) 1960년 03월 19일			
남자(음) 1960년 02월 22일 21:10 대한민국			
(正) 1960년 3월 19일 21:10 (-30분)			
상관	일원	상관	편재
己	丙	己	庚
亥	午	卯	子
편관	겁재	정인	정관

木(1)　　火(2)　　土(2)　　金(1)　　水(2)

戊甲壬		丙己丁		甲乙			壬癸	
86	76	66	**56**	46	36	26	16	6
戊	丁	丙	乙	甲	癸	壬	辛	庚
子	亥	戌	酉	申	未	午	巳	辰
2022	2021	2020	**2019**	2018	2017	2016	2015	2014
壬	辛	庚	己	戊	丁	丙	乙	甲
寅	丑	子	亥	戌	酉	申	未	午

예시사주

예시사주는 천간에 경(양), 기(음), 병(양), 기(음)와 지지에 양인 묘와 오가 있고, 음인 자와 해가 있어 비교적 음양의 조후가 무난하다고 풀이할 수 있다. 물론 학파(?)에 따라서는 이 음양의 조후를

　　　　　2부. 실전 사주 읽기

중요시하는 경우도 있고, 중요시하지 않는 경우도 있다는 것을 참
고했으면 한다.

천간과 지지를 오행으로 나누면 다음과 같다.

오행	木		火		土		金		水	
천간	甲	乙	丙	丁	戊	己	庚	辛	壬	癸
지지	寅	卯	巳	午	辰, 戌	丑, 未	申	酉	亥	子

천간은 목(갑을), 화(병정), 토(무기), 금(경신), 수(임계)로 구분하고,

지지는 목(인묘), 화(사오), 토(진술축미), 금(신유), 수(해자)로 구분한다.

예시사주 분석

만세력
(양) 1960년 03월 19일
남자(음) 1960년 02월 22일 21:10 대한민국
(正) 1960년 3월 19일 21:10 (−30분)

상관	일원	상관	편재
己	丙	己	庚
亥	午	卯	子
편관	겁재	정인	정관

木(1)	火(2)	土(2)	金(1)	水(2)

戊甲壬			丙己丁		甲乙		壬癸	
86	76	66	**56**	46	36	26	16	6
戊	丁	丙	乙	甲	癸	壬	辛	庚
子	亥	戌	酉	申	未	午	巳	辰
2022	2021	2020	**2019**	2018	2017	2016	2015	2014
壬	辛	庚	己	戊	丁	丙	乙	甲
寅	丑	子	亥	戌	酉	申	未	午

예시사주

예시로 본 사주는 목이 1개(卯), 화가 2개(丙午), 토가 2개(己己), 금이 1개(庚), 수가 2개(子亥) 오행이 모두 있다.

오행이 모두 있느냐, 아니면 없는 오행 중 무엇이 없느냐는 중요하지 않다. 오행이 모두 있으면 물론 더 안정적이겠지만, 더 찾는 노력을 안 하니 게으르다고도 볼 수 있다. 오행 중 없는 것이 있으면 당장 균형은 좋지 않을 수 있지만, 없는 점을 보완하기 위해 악착같이 노력을 한다고 볼 수도 있다. 중요한 것은 내가 어떤 기운이 있는지 알고, 약한 기운을 준비하면 되는 것이다.

한의학에서는 이 오행을 바탕으로 다음과 같이 신체에 적용한다. 목화토금수 오행 중 아예 없거나 아주 많으면 다음 몸 기능이 약하다고 보고 있다.

목 : 간장과 담(쓸개)

화 : 심장과 소장

토 : 비장(지라)과 위장

금 : 폐장과 대장

수 : 신장과 방광(여성은 자궁)

오장	육부
음	양
간장	담
심장	소장
비장	위장
폐장	대장
신장	방광(자궁)
육부	호흡기관
(삼기, 삼초)	소화기관
	비뇨기관

10천간 12지지를 오행으로 분류하기

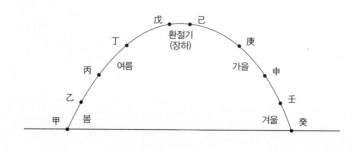

명리학 강의를 하다 보면 수강생들이 헷갈리는 것 중에 하나가 12지지를 오행으로 분류하는 것이다. 10천간은 순서대로 오행으로 분류하면 되는데, 12지지를 오행으로 분류할 때 어떤 기준으로 분류하는지 궁금해하는 이들이 많다.

입문자의 입장에서는 '지장간'을 배우지 않은 상태에서 오행을 먼저 배우면 그런 궁금증이 생기는 것이 당연하다. 지지에 숨어 있는 천간의 기운을 지장간이라 하는데, 그 지장간의 끝에 있는 정기는 다시 오행으로 나뉜다.

한편 계절로도 분류하고 있는데, 앞의 표와 같이 오행 중 '목'은

봄으로, '화'는 여름으로, '토'는 환절기(장하)로, '금'은 가을로, '수'는
겨울로 분류하고 있다.

지지	寅	卯	辰	巳	午	未	申	酉	戌	亥	子	丑
여기	戊	甲	乙	戊	丙	丁	戊	庚	辛	戊	壬	癸
중기	丙		癸	庚	己	乙	壬		丁	甲		辛
정기	甲	乙	戊	丙	丁	己	庚	辛	戊	壬	癸	己

지장간에 따른 지지의 계절분류. 정기의 10간을 보면 지지의 계절을 알 수 있다

명리학은 천문학, 계절학을 기본으로 하는 학문으로 지구가
더웠다가(봄, 여름) 갑자기 차가워지면(가을, 겨울) 안 되므로 중간에 거
쳐 가는 계절인 환절기를 토로 분류하고 있다. 뜸을 들인다는 개념
으로, '긴 여름'이란 의미의 '장하(長夏)'라고도 불리우는데, 기간은
약 20일간이다(음력 7월 20일 ~ 8월 10일 어간).

천간인 무기(戊己)를 환절기 토로 분류하고, 지지는 각 계절별
로 환절기가 있는 점을 감안해서 4계절 끝에 있는 3, 6, 9, 12번째
인 진, 미, 술, 축을 환절기 토로 분류하고 있다. 지장간에 대해서
는 이후 더 깊이 설명하겠다.

십신은 오성 십신(육친)으로 분석할 때 쓰는 전문용어로, 본인 일간을 기준으로 볼 때, 비견, 겁재, 식신, 상관, 편재, 정재, 편관, 정관, 편인, 정인 10가지로 나뉘는 것을 말한다. 과거형태인 체(體), 현재 모습인 용(用), 천간 합을 하는 합(合)의 개념을 통해 다음과 같이 십신의 복합성향을 파악할 수 있다.

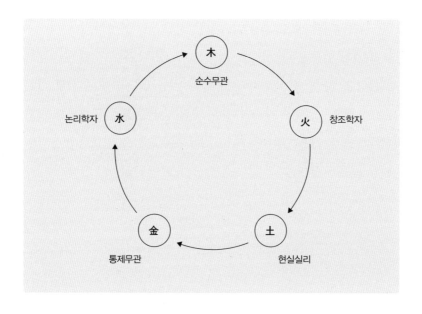

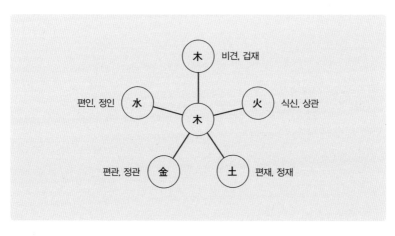

2부. 실전 사주 읽기

천간합이란 '천간 합' 또는 '천간 오합', '천간 상합'이라고도 하며, 10개의 천간인 갑, 을, 병, 정, 무, 기, 경, 신, 임, 계를 순서대로 배열할 때 홀수 번에 위치해 있는 양간과 짝수 번에 위치해 있는 음간이 서로, 극제의 관계에 있는 나열 순서상 6번째인 천간과 합을 하게 되는 것을 말한다(갑기 합, 을경 합, 병신 합, 정임 합, 무계 합).

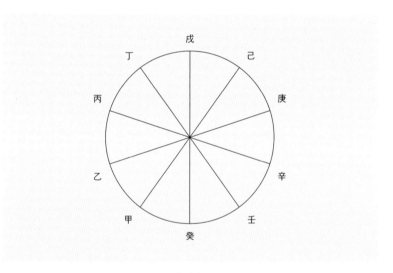

천간 합

비견 : 체인(體印), 합재(合財), 용비(用比) - 실리적인 논리학자

체는 정인, 합은 정재, 용은 비견으로, 인성과 재성, 비겁성의 성향이 혼재되어 있어 겉으로는 비겁성이지만, 내면으로는 인성과 재성의 특성을 동시에 가지고 있게 되며, 가장 강한 특성은 인성이다. 여기에 오성의 기질적 특성을 대입해보면 체(體)는 논리학자이고, 합(合)은 실리특성이며, 용(用)은 순수무관으로, 무관기질과 실리특성 및 학자기질이 혼재되어 있지만, 용보다 합의 특성이 강하고, 체의 특성이 가장 강하기에 논리학자 성향이 가장 강하면서도 실리특성이 반영되어 비견은 '실리적인 논리학자'의 특성으로 나타나게 된다.

겁재 : 체비(體比), 합관(合官), 용비(用比) - 순수무관

체는 비견, 합은 편관, 용은 겁재로 비겁성과 관성, 비겁성의 성향이 혼재되어 있어 겉으로 비겁성이면서 내면으로는 비겁성과 관성의 특징을 동시에 가지고 있게 되며, 강한 특성은 체와 용인 비겁성이다. 여기에 오성의 기질적 특성을 대입해보면 체는 순수무관이고, 합은 통제무관이며, 용도 순수무관으로 오직 무관기질만이

강하게 나타나기에 전형적인 무관이지만, 합인 통제무관보다 체와 용인 순수무관의 특성이 강해서 겁재는 전형적인 '순수무관'의 특성으로 나타나게 된다.

식신 : 체비(體比), 합관(合官), 용식(用食) - 순수무관

체는 겁재, 합은 정관, 용은 식신으로 비겁과 관성과 식상의 성향이 혼재되어 있어 겉으로는 식상이지만, 내면으로는 비겁성과 관성의 특성을 동시에 가지고 있게 되며, 가장 강한 특성은 체인 비겁성이다. 여기에 오성의 기질적 특성을 대입해보면 체는 순수무관이고, 합은 통제무관이며, 용은 창조학자로 무관기질과 학자기질이 혼재되어 있지만, 체와 합의 무관기질이 주 특성으로 나타나게 되며, 무관기질 중에서도 체의 특성이 강하기에 식신은 체에 해당하는 '순수무관' 성향이 가장 강한 특성으로 나타나게 된다.

상관 : 체식(體食), 합인(合印), 용식(用食) - 창조학자

체는 식신, 합은 편인, 용은 상관으로 식상성과 인성, 식상성의 성향이 혼재되어 있어 겉으로 식상성이면서 내면으로는 식상성과 인성의 특성을 동시에 가지고 있게 되며, 가장 강한 특성은 체와 용인 식상성이다. 여기에 오성의 기질적 특성을 대입해보면 체는 창조학자이고, 합은 논리학자이며, 용도 창조학자로 오직 학자기질만이 강하게 나타나기에 전형적인 학자이지만, 합인 논리학자보다 체와 용인 창조학자의 특성이 강해서 상관은 전형적인 '창조학자'의 특성으로 나타나게 된다.

편재 : 체식(體食), 합인(合印), 용재(用) - 창조학자

체는 상관, 합은 정인, 용은 편재로 식상성과 인성, 재성의 성향이 혼재되어 있어 겉으로는 재성이지만, 내면으로는 식상성과 인성의 특성을 동시에 가지고 있게 되며, 가장 강한 특성은 체인 식상성이다. 여기에 오성의 기질적 특성을 대입해보면 체는 창조학자이고, 합은 논리학자이며, 용은 실리특성으로 학자기질과 실리적 특성이 혼재되어 있지만, 체와 합의 학자기질이 주 특성으로 나타나게 되며, 학자기질 중에서도 체의 특성이 강하기에 편재는 체에 해당하는 '창조학자' 성향이 가장 강한 특성으로 나타나게 된다.

정재 : 체재(體財), 합비(合比), 용재(用財) - 실리특성

체는 편재, 합은 비견, 용은 정재로 재성과 비겁성, 재성의 성향이 혼재되어 있어 겉으로는 재성이면서 내면으로는 재성과 비겁성의 특성을 동시에 가지고 있게 되며, 가장 강한 특성은 체와 용인 재성이다. 여기에 오성의 기질적 특성을 대입해보면 체는 실리특성이며, 합은 순수무관이고, 용도 실리특성으로 무관기질과 실리특성이 혼재되어 있지만, 체와 용의 실리특성이 주 특성으로 나타나게 된다. 그렇기에 정재는 성실하고 현실적인 '실리특성'으로 대표하게 된다.

편관 : 체재(體財), 합비(合比), 용관(用官) - 실리적인 무관특성

체는 정재, 합은 겁재, 용은 편관으로 재성과 비겁성, 관성의 성향이 혼재되어 있어 겉으로는 관성이지만, 내면으로는 재성과 비겁성의 특성을 동시에 가지고 있게 되며, 가장 강한 특성은 체인 재성이다. 여기에 오행의 기질적 특성을 대입해보면 체는 실리특성이고, 합은 순수무관이며, 용은 통제무관으로 실리특성과 무관기질이 혼재되어 있지만, 용보다 합의 특성이 강하고, 체의 특성이 가장

강하기에 편관은 '실리적인 무관특성'이 대표하게 된다.

정관 : 체관(體官), 합식(合食), 용관(用官) - 통제무관

체는 편관, 합은 식신, 용은 정관으로 관성과 식상성과 관성의 성향이 혼재되어 있어 겉으로는 관성이면서 내면으로는 관성과 식상성의 특성을 동시에 가지고 있게 되며, 가장 강한 특성은 체와 용인 관성이다. 여기에 오성의 기질적 특성을 대입해보면 체도 통제무관이고, 합은 창조학자이고, 용도 통제무관으로 창조학자와 통제무관의 성향이 혼재되어 있으나 체와 용으로 통제무관의 기질이 강하기에 정관의 특성은 이상주의적인 창조학자 성향의 '통제무관'이 된다.

편인 : 체관(體官), 합식(合食), 용인(用印) - 창조적인 통제무관

체는 정관, 합은 상관, 용은 편인으로 관성과 식상성과 인성의 성향이 혼재되어 있어 겉으로는 인성이지만, 내면으로는 관성과 식상성의 특성을 동시에 가지고 있게 되며, 가장 강한 특성은 체인 관성이다. 여기에 오성의 기질적 특성을 대입해보면 체는 통제무관이고, 합은 창조학자이며, 용은 논리학자로 무관기질과 학자적 특성이 혼재되어 있어 편인의 특성은 이상주의적인 창조학자 성향의 '창조적인 통제무관'이 된다.

정인 : 체인(體印), 합재(合財), 용인(用印) - 논리학자

체는 편인, 합은 편재, 용은 정인으로 인성과 재성, 인성의 성향이 혼재되어 있어 겉으로는 인성이면서 내면으로는 인성과 재성의 특성을 동시에 가지고 있게 되며, 가장 강한 특성은 체와 용인 인성이다. 여기에 오성의 기질적 특성을 대입해보면 체는 논리학자이고, 합은 실리특성이며, 용도 논리학자로 실리특성과 논리학자적 기질이 혼재되어 있지만, 체와 용의 논리학자적 특성이 강해서 정인은 성실하며 '실리적인 논리학자'의 특성을 나타낸다.

십신	비견	겁재	식신	상관	편재	정재	편관	정관	편인	정인
체(體)	논리학자	순수무관	순수무관	창조학자	창조학자	실리특성	실리특성	통제무관	통제무관	논리학자
용(用)	순수무관	순수무관	창조학자	창조학자	실리특성	실리특성	통제무관	통제무관	논리학자	논리학자
합(合)	실리특성	통제무관	통제무관	논리학자	논리학자	순수무관	순수무관	창조학자	창조학자	실리특성
대표적인 복합성향	실리적인 논리학자	순수무관	순수무관	창조학자	창조학자	실리특성	실리적인 무관특성	통제무관	창조적인 통제무관	논리학자

체, 용, 합 개념을 통해 분석하는 십신의 대표적인 복합성향 도표

2부. 실전 사주 읽기

사주팔자 위아래 떠 있는 편재, 상관, 정관, 정인, 겁재, 편관을 '오성십신'으로 일컬으며, 일명 '육친'이라 불리운다. 일간 병을 중심으로 나누어진다.

오성 십신(육친)이란?

사주 분석의 기초가 되는 개념으로 십신(十神)과 십성(十星), 육신(六神)과 육친(六親) 그리고 통변성과 오성(五星) 등으로 불린다.

십신은 일간을 기준으로 타간(지지의 경우 지장간의 정기 기준)과의 관계를 나타내는 것으로, 사주의 특징, 가족 관계 등을 분석하는 기초 자료가 된다. 오행의 생극제화(生剋制化) 개념에서 출발한 것으로 인성, 재성, 관성, 식상성, 비겁성의 다섯 가지가 있고, 음양으로 나누어 십신이라고 한다.

비겁성(比劫星)

비견(比肩), 겁재(劫財)

일간과 같은 오행으로 주로 행동적 특성이 강하게 나타나며, 자신의 가치 기준에 따라 움직이는 특성이 강하다(순수오행 '목'의 특성). 일간과 같은 음양이 같으면 비견이라고 하고, 음양이 다르면 겁재라고 한다. 통상 형제자매나 친구 동료를 의미한다.

식상성(食傷星)

식신(食神), 상관(傷官)

일간이 생(生)해주는 오행으로 자기 표현력이 뛰어나고, 예술적 재능이 많으며, 이상주의적인 정신세계를 추구하는 경향이 많다(순수오행 '화'의 특성). 일간과 음양이 같으면 식신이라 하고, 음양이 다르면 상관이라고 한다. 통상 자신의 작품이나 부하직원, 제자 등을

2부. 실전 사주 읽기

의미하며, 여성에게는 자녀를 의미한다.

또한 《논리로 푸는 사주학 석하명리》에서는 식신과 상관이라는 명칭 외에 일간과 음양이 같고, 다름에 관계없이 식상성 자체의 음양을 기준으로 해서 식상성이 양이면 양식(陽食), 음이면 음식(陰食)이라고 부른다.

재성(財星)

편재(偏財), 정재(正財)

일간이 극(剋)하는 오행으로 주로 현실 감각, 재물감각이 뛰어나고, 성실하며, 실리적인 성향을 나타낸다(순수오행 '토'의 특성). 일간과 음양이 같으면 편재라 하고, 음양이 다르면 정재라고 한다. 통상 재물을 상징하며, 부친을 의미하고, 남자에게는 처나 여자를 의미한다.

관성(官星)

편관(偏官), 정관(正官)

일간을 극(剋)하는 오행으로 강인한 기질을 의미하며, 은연중에 타인을 제압하는 기상이 나타난다(순수오행 '금'의 특성). 일간과 음양이 같으면 편관이라 하고, 음양이 다르면 정관이라고 한다. 통상 벼슬이나 직장 등을 상징하며, 남자에게는 자식, 여자에게는 남편이나 남자를 의미한다.

인성(印星)

편인(偏印), 정인(正印)

일간을 생(生)해주는 오행으로 주로 논리적인 특성을 나타내며, 지식추구의 성향이 강하고, 현실적 정신세계를 추구하게 된다(순수 오행 '수'의 특성). 일간과 음양이 같으면 편인이라 하고, 음양이 다르면 정인이라고 한다. 통상 학문이나 공부를 상징하며, 어머니와 선생님 등을 의미한다. 또한 '문서'를 의미하기도 한다.

2부. 실전 사주 읽기

예시사주 분석

만세력			
(양) 1960년 03월 19일			
남자(음) 1960년 02월 22일 21:10 대한민국			
(正) 1960년 3월 19일 21:10 (−30분)			
상관	일원	상관	편재
己	丙	己	庚
亥	午	卯	子
편관	겁재	정인	정관

木(1)　火(2)　土(2)　金(1)　水(2)

戊甲壬		丙己丁		甲乙		壬癸	
86	76	66	**56**	46	36	26	16	6
戊	丁	丙	乙	甲	癸	壬	辛	庚
子	亥	戌	酉	申	未	午	巳	辰
2022	2021	2020	**2019**	2018	2017	2016	2015	2014
壬	辛	庚	己	戊	丁	丙	乙	甲
寅	丑	子	亥	戌	酉	申	未	午

예시사주

　일간을 중심으로 오행이 순환되면서 각자 위치에 따라 오성십신(육친)이 결정된다.

　예시사주의 일간은 병으로 화가 중심이 되는 표를 작성해보면 다음과 같다.

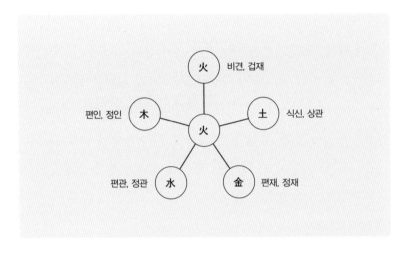

예시사주는 나의 사주인데, 년간에 '편재' 재성이 있고, 년지에 '정관' 관성이 떠 있으므로 널리 알려진 관직(정관)에서 큰 재물을 다루는 기운(편재)이 강했기에 19살에 일찍 조흥은행에 입행했다고 볼 수 있다. 한편 편재의 기운이 강하니 '금 극(剋) 목', 즉, 목이 여기서는 '인성'이므로, 인성을 극하는 기운이 있으니 공부하기가 싫었나 보다.

월지에 '정인' 인성 기운이 있으니 그래도 끊임없이 배우려고 하는 것 같다. 월간의 '상관' 식상성 기운이 있으니 어느 정도 창의력이 있는 셈이다. 사실 나는 살아오면서 크리에이티브한 일을 계속

해온 게 사실이다(1부 '와인 전도사와 명리진로적성상담사가 되다' 참조).

　　일지에 '겁재' 기운은 행동적 특성이 강하게 나타나며, 자신의 가치기준에 따라 움직이는 특성이므로, 나는 그동안 생각을 하면 바로 행동에 옮기면서 치열하게 살아왔다고 본다. 시간에 '상관' 식상성과 시지에 '편관' 관성이 떠 있는데, 이는 노후에 말년기운으로 나는 누구를 가르치고, 먹이고, 재우고, 입히는 일에 창조력(상관기운)을 가미한 일을 한다고 볼 수 있다. 많은 사람들과 함께(편관)하면서 지낼 것이다.

오행의 기본개념과 일반개념에 대한 분석을 통해 동적인 '무관특성', 정적인 '학자특성', 현실적인 '실리특성'의 3가지 기질적 특성으로 나누고 유추해본다.

목 : 무관특성

목은 오행 운동의 시작이다. 처음으로 움직이기 시작하는 것을 의미하며, 모든 시작에는 강한 동력이 필요하다. 그렇기 때문에 오행의 일반적 개념의 내용을 보면, 목을 강한 동력이라고 표현했다. 또한 목의 대표적인 개념 중 하나가 분출하는 폭발력이다. 이렇게 목은 동적인 성향이 강하기에 무관특성으로 정의한다.

화 : 학자특성

화는 강하게 분출하고 뻗어가는 목의 운동을 이어받아 속도를 줄이며, 분산운동을 하는 과정이다. 목의 직선운동을 그대로 따르지 않고 횡으로 이동하는 운동을 했기에 시점으로부터 멀어진 이동 거리는 목운동에 비해 상대적으로 적어진다. 즉 木의 운동이 순수 직진 운동인 데 비해, 화의 운동은 직진 운동에 횡적 이동을 겸해서 분산 운동이라고 할 수 있다. 물론 화도 동적인 운동이기는 하지만, 목에 비해 운동성이 약하기에 정적이라고 할 수 있으며, 인생에서도 이제 막 세상을 알아가는 꿈 많은 청소년기에 해당해 학자의 특성으로 정의하고 있다.

토 : 실리특성

토의 운동은 '목, 화'와 '금, 수'의 중간에 위치해 있으며, 다른 운동과 달리 거리변화가 없다. 단지 '목, 화'의 뻗어가는 직진 운동을 '금, 수'로 복귀하는 수렴 운동으로 바꾸어주는 변환점 역할만 하게 된다. 반면 오행 운동을 시간적 관점이 아닌 공간적 관점으로 분석해보면 목의 시점에서 바라볼 때 가장 정면으로 보이는 것이 토의 운동구간이다. 오행의 일반적 개념에서는 청소년기의 이상에서 깨어나 현실을 깨닫고 성실하게 사는 중년기에 해당하며, 1년 중 만물이 결실을 맺기 시작할 때로 결실을 의미한다. 때문에 토의 대표적 성향을 현실적인 실리특성으로 정의하고 있다.

금 : 무관특성

금은 시점으로부터 멀어지는 운동인 '목, 화'의 운동이 토를 거쳐 방향이 전환되어 시점을 향해 돌아오는 복귀 운동이 된다. 목의 운동이 처음 시작이기에 동적이었다면, 금의 운동은 '목, 화'의 직진 운동이 잠시 멈추었다가 다시 시작되는 복귀 운동의 시작이기에 동적이라고 할 수 있다. 그렇기 때문에 금의 대표적 성향을 무관특성으로 정의하고 있다.

2부. 실전 사주 읽기

수 : 학자특성

복귀 운동의 시작인 金의 운동을 이어받아 방향이 바뀌어 시점으로 원상복귀하는 원위치 운동이다. 목의 운동을 이어받는 화의 운동과 마찬가지로, 금의 운동을 그대로 이어받는 수운동 역시 동적이기는 하지만, 금에 비해 상대적으로 정적이라 표현한다. 인생에서는 풍부한 삶의 지혜를 간직한 노년기에 해당한다. 때문에 수의 대표적 성향을 학자특성으로 정의하고 있다.

이렇게 오행의 기본개념과 일반개념에 대한 분석을 통해 유추해낸 동적인 '무관특성'과 정적인 '학자특성', 현실적인 '실리특성'의 3가지 기질적 특성을 구체화해서, '목의 순수무관', '화의 창조학자', '토의 실리특성', '금의 통제무관', '수의 논리학자'의 5가지 기질적 특성으로 구분하고 유추해본다.

목 : 무관특성 - 순수무관

목은 오행 운동이 처음으로 움직이기 시작하는 강한 동력이며, 분출하는 폭발력을 의미하기에 대표적 기질이 무관특성이라고 했다. 또 음양오행을 처음 배울 때, 목은 인생을 막 시작하는 유년기에 해당해 아직 세상 물정 모르는 어린아이에 비유할 수 있다. 또한 같은 무관특성인 금은 화의 분산지기를 수렴하는 통제적 성향이 강하지만, 목은 대상이 없이 그래도 뻗어 나가는 기상이다. 그렇기 때문에 목을 금과 목의 무관 중에서 금에 상대적으로 '순수무관'이라고 정의한다.

화 : 학자특성 - 창조학자

화는 목의 운동을 이어받아 속도를 줄이며 분산 운동을 하는 과정이며, 인생에서 이제 막 세상을 배워가고 알아가는 꿈 많은 청소년기에 해당하기에 학자특성이라고 했다. 이제 세상을 배우기 시작하는 청소년기에는 꿈도 많고 이상도 많고 생각도 많다. 그렇기 때문에 화는 순수하기도 하고, 이상주의적이기도 하며, 아직 굳어진 틀이 없기에 창조적이기도 하다. 이상주의적이고 창조적인 화의 기질적 특성을 학자 중에서 '창조학자'로 정의하고 있다.

토 : 실리특성

토의 운동은 목, 화와 금, 수의 중간에 위치해 있으며, 목, 화의 뻗어가는 직진 운동을 금, 수의 복귀하는 수렴운동으로 바꾸어 주는 변환점 역할을 한다. 청소년기의 이상에서 벗어나 현실 속에서 성실하게 사는 중년기에 해당하고, 만물이 결실을 맺기 시작할 때이기에 성실하고 현실적인 기질의 '실리특성'으로 정의한다고 했다. 3가지 특성 분류의 해석에서 크게 벗어나지 않는다. 이른바 '공무원 같다'고 하는 기질이라고 볼 수 있으며, 일정한 루틴을 바람직하게 여긴다.

금 : 무관특성 - 통제무관

금의 운동은 목, 화의 직진 운동이 잠시 멈추었다가 다시 시작되는 복귀 운동의 시작이기에 금의 대표적 성향이 무관특성이라고 했다. 금은 한껏 분산되어 있는 화운동을 수렴해 축소시켜 나가기에 통제적 성향을 가지고 있다. 인생에서는 장년기로 사회 각 분야에서 사람들을 통제하는 관리자의 위치에 있게 되는 시기이기도 하다. 그렇기 때문에 금을 무관특성 중에서도 통제적 성향이 강한 '통제무관'이라고 정의하고 있다.

수 : 학자특성 - 논리학자

복귀운동의 시작인 금의 운동을 이어받아 방향이 바뀌어 시점으로 원상복귀되는 운동으로, 인생에서는 풍부한 삶의 지혜를 간직한 노년기에 해당한다. 그렇기 때문에 수의 대표적 성향을 학자특성이라고 했다. 수는 이미 충분한 지식을 갖추고 있는 노인의 때로 그 행동이 신중하며 생각이 깊다. 세상을 막 배우기 시작한 시기로 사전 지식이 충분하지 않은 화의 경우는 학문을 비판 없이 받아들이기가 비교적 쉽다. 하지만 이미 많은 경험을 가진 수의 경우는 어떤 사실을 쉽게 받아들이지 못하고 의심이 많으며, 자신의 지식으로 직접 확인을 한 후에 받아들이게 된다. 그렇기 때문에 논리적 성향을 나타내게 되며, 검증과 확신이 필요한 학문에 적절하다. 이 책에서는 수의 대표적 특성을 학자 중에서도 '논리학자'로 정의하고 있다.

일간 (日干)	甲	乙	丙	丁	戊	己	庚	辛	壬	癸
체(體)	논리 학자	순수 무관	순수 무관	창조 학자	창조 학자	실리 특성	실리 특성	통제 무관	통제 무관	논리 학자
용(用)	순수 무관	순수 무관	창조 학자	창조 학자	실리 특성	실리 특성	통제 무관	통제 무관	논리 학자	논리 학자
대표 적인 복합 성향	논리 학자	순수 무관	순수 무관	창조 학자	창조 학자	실리 특성	실리 특성	통제 무관	통제 무관	논리 학자

체, 용 개념을 통해 분석하는 일간(日干)의 대표적인 복합성향

2부. 실전 사주 읽기

명리학에 자주 등장하는 풀이 중 하나가 '나에게 안 맞는 방향'이 있다는 것이다.

'공망인 방향은 가급적 피하는 것이 좋다'고 해서 많은 사람들이 활용을 하는데 그 내용은 다음과 같다.

'공망'이란

갑은 십간의 처음이고, 자는 12지지의 시작이다. 십간과 십이지를 각각 순서에 따라서 상하로 짝을 맞추어 가게 되면 다음 표

생일간지(일주)										공망
甲子	乙丑	丙寅	丁卯	戊辰	己巳	庚午	辛未	壬申	癸酉	술해
甲戌	乙亥	丙子	丁丑	戊寅	己卯	庚辰	辛巳	壬午	癸未	신유
甲申	乙酉	丙戌	丁亥	戊子	己丑	庚寅	辛卯	壬辰	癸巳	오미
甲午	乙未	丙申	丁酉	戊戌	己亥	庚子	辛丑	壬寅	癸卯	진사
甲辰	乙巳	丙午	丁未	戊申	己酉	庚戌	辛亥	壬子	癸丑	인묘
甲寅	乙卯	丙辰	丁巳	戊午	己未	庚申	辛酉	壬戌	癸亥	자축

처럼 되는데, 갑자(甲子)는 간지 번호가 첫 번째이고, 을축(乙丑)은 2번, 병인(丙寅)은 3번으로, 이하 10번까지 짝을 맞추어 가면 11번, 12번에 해당하는 술과 해의 위에는 천간이 없게 된다.

이것은 지지가 12개가 있는데, 천간은 10개밖에 없기 때문에 이 천간이 들어 있지 않는 술과 해를 공망이라 한다.

이와 같이 해서 술과 해 위에는 천간이 없으므로, 또 그 위에 십간을 처음부터 갑을병정순으로 따라가면, 앞의 표처럼 신과 유의 위에 천간이 없게 된다. 이 신과 유를 공망이라 한다. 이런 식으로 맞추다 보면 오미, 진사, 인묘, 자축의 공망이 발생한다.

사주에서는 생일 간지(일주)를 가장 중요시한다. 생일의 간지(일

2부. 실전 사주 읽기

주)가 어느 순 중에 있는가를 보고 공망을 결정한다. 앞의 표처럼 생일간지(일주)가 병오(丙午)이면, 인묘(寅卯)가 공망이 된다. 생일간지(일주)의 공망이 결정되면 그 방향은 피하는 것이 좋다고 보는데, 12지지를 방향으로 보면 다음과 같다.

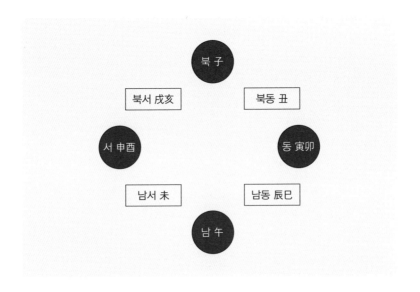

만약 생일간지(일주)가 병오(丙午)인 사람은 공망이 인묘(寅卯) 방향인 동쪽을 피하는 것이 좋다고 해석한다. 만약 공망이 오미(午未)인 사람은 남쪽과 남서쪽을 가급적 피하는 것이 좋다고 할 것이다.

공망은 표를 보아도 되지만, 다음과 같은 산식을 활용해도 알 수 있다. 생일간지(일주)의 천간의 남은 개수와 지지의 지나온 개수를 합산한 후, 지지의 활용음양 순서대로 다음 2개의 지지가 공망이 된다.

다시 말해, 나의 생일간지(일주)인 병오(丙午)를 예로 들면, 천간에 남은 개수 7개(10개-3개) 지지에 지나온 개수 5개(인묘진사오)를 더하면 총 12개가 된다. 지지의 활용음양 순서대로 다음 순서 2개인 인묘(寅卯)가 공망이 된다.

만세력 어플에서는 음력이든지, 양력이든지, 하나만 입력하면 다른 것은 자동으로 나오게 만들어져 있다. 태어난 시는 사실 중요한 자료인데, 대부분의 사람들이 잘 모르거나 중요하지 않게 여긴다.

출생 시간에 대한 부정확성

실제 상담에서 실제 사주를 접하다 보면 출생 시간이 정확하지 않은 경우가 생각보다 많은 것을 알게 된다. 기존의 원리와 원칙이 애매한 사주학에서는 시간이 틀려도 큰 의미가 없는 경우가 많기 때문에 시간 확인의 필요성이 심각하게 여겨지지 않을 수도 있지만, 석하 소재학 스승님의 《논리로 푸는 사주명리학》에서는 시간이 틀리면 전혀 엉뚱한 결론이 된다. 그렇기 때문에 사주 분석에 우선해 중요한 것이 정확한 출생 시간의 확인이다.

만세력								
(양) 1960년 03월 19일								
남자(음) 1960년 02월 22일 21:10 대한민국								
(正) 1960년 3월 19일 21:10 (−30분)								
상관		일원		상관		편재		
己		丙		己		庚		
亥		午		卯		子		
편관		겁재		정인		정관		

木(1)　　火(2)　　土(2)　　金(1)　　水(2)

戊甲壬		丙己丁			甲乙		壬癸	
86	76	66	56	46	36	26	16	6
戊	丁	丙	乙	甲	癸	壬	辛	庚
子	亥	戌	酉	申	未	午	巳	辰
2022	2021	2020	2019	2018	2017	2016	2015	2014
壬	辛	庚	己	戊	丁	丙	乙	甲
寅	丑	子	亥	戌	酉	申	未	午

많은 사람들이 모르는 '시간'이 사실은 매우 중요하다

출생 시간에 대한 여러 가지 변수를 살펴보면 다음과 같다.

출생 연대에 따른 출생 시간의 오차 범위

2000년 이후 출생자들은 비교적 출생 시간이 정확하지만, 1960~1980년 출생자의 경우는 10명 중 2~3명이 출생 시간이 부정확하거나 잘못 알고 있고, 1960년대 이전 출생자의 경우는 10명 중 4~5명이 출생 시간을 잘못 알고 있으며, 1940년대 이전 출생자의 경우는 10명 중 6~7명이 출생 시간을 알지 못한다.

사주체의 출생 시간이 실제와 다르거나 또는 잘못 알고 있는 이유는 무엇 때문인가? 일반적으로 출생 시를 혼동하는 요인으로는 '표준시의 기준 변경'과 '서머타임(Summer time)의 실시' 그리고 '과거와 현재의 시간 개념 차이' 및 '산모의 출생 시간 착각' 등을 들 수 있다.

① 표준시의 기준 변경과 서머타임 실시
표준시의 기준 변경

'동경 127도 30분'과 '동경 135도 00분'

서머타임 실시

1048년~1960년, 1987년~1988년

② 과거와 현재의 시간 개념 차이에 따른 착오

지금은 시간 개념이 상당히 세분화되어 분 단위까지 구분하는 것이 생활화되어 있다. 그렇기 때문에 최근 출생자들은 거의 오차가 없다. 하지만 1960~1970년대만 해도, 일반 가정에 시계가 보급되기는 했어도 시계를 볼 줄 모르거나, 시간 자체를 그다지 중요하게 여기지 않는 분위기가 있었다.

하물며 1950년대, 혹 그 이전에는 시계가 널리 보급되지도 않았거니와, 시간 개념이 더욱 희미했기 때문에 과거 출생자일수록 시간에 대한 정확한 확인이 필요하다.

③ 산모의 출생 시간 착각에 따른 착오

당사자는 태어나면서 시계를 볼 수 없다. 보통 출생 시간을 기억하고 있는 사람이 산모인 경우가 많다. 아기 출산 시에 가장 경황이 없고 기절할 정도로 정신이 없었을 텐데, 그 출생시간을 기억하는 사람 또한 그녀다.

아기를 낳을 때 산모는 거의 정신을 잃을 정도가 되는 극심한 고통의 순간을 거치며 출산을 하게 되는데, 통상 출산 직후의 산모가 하는 생각은 '우리 아기 손발 멀쩡한가?', '건강한가?' 또는 '아들인가 딸인가'다. 대개 출산을 성공적으로 마치면 아기가 건강한지 확인하고는 긴장이 풀리게 되어 경황이 없다가, 일정 시간 경과 후 정신이 수습되며, 이때 시간을 인지하게 되는 경우가 많다. 그렇기 때문에 통상 산모가 아기의 출생 시간을 인지해서 기억에 저장하는 시기는 출산 후 일정 시간이 지난 후가 되는 것이며, 이러한 이유들로 통상 어머니가 기억하는 출생 시간보다 실제 출생 시간이 빠른 경우가 많다. 임상에서 확인해보아도 실제 출생 시간이 어머니가 기억하는 시간 이후인 경우는 거의 없다.

④ 표준시와 시간에 경계에 관한 문제

세계시(世界時)

옛날에는 각국 또는 지방마다 독자적인 시간을 사용했으나, 1884년에 국제적으로 경도 15°마다 1시간의 차이로 동서에 따라 가감해서 세계를 24개의 국제시간 구역으로 분할하기로 합의했다.

지구의 경도 기준은 영국 런던 그리니치 천문대의 제1호 '자오의'라는 망원경의 십자선을 통과하는 자오선을 말한다. 이 자오선을 지구의 경도 0°로 하고, 이를 기준으로 동쪽과 서쪽으로 각각 180°까지 측정해서 동경 또는 서경으로 구별한다.

이 그리니치 천문대의 상용시를 세계시, 또는 국제시라고 부른다.

표준시(標準時)

각 지역마다 평균 태양이 남중하는 시각은 그 지방 평균시의 정오, 즉 12시다. 그러므로 지표상의 같은 경도에 있는 곳은 같은 시각이 되고, 경도가 다르면 지방 평균시도 달라진다.

각국에서는 정치, 문화, 경제, 산업 등의 활동을 위해 표준시를 설정해서 사용하고 있다. 그러나 같은 나라에 속한 지방이라도 동서로 너무 넓으면, 아침이나 저녁 때에 12시가 되는 수가 있어서 전국이 같은 표준시를 쓸 수가 없다. 따라서 표준시의 동일한 폭은 경도 15°차를 기준으로 하고, 그 경계에서 표준시가 한 시간씩 달라지는 것이 보통이다.

우리나라의 표준시와 시간의 경계

우리나라의 표준시

우리나라의 표준시는 영국 그리니치 표준시보다 약 9시간 정도 빠른데, 동경 127도 30분을 기준으로 할 경우에는 11:00~13:00 사이가 정오시가 되며, 동경 135도를 기준으로 할 경우에는 11:30~13:30 사이가 정오시가 된다.

조선 말기까지 동경 120도의 경선을 표준 자오선으로 쓰다가 1910년(융희 4년) 4월 1일에 11시를 12시로 고침으로써 동경 135도의 지방 평균시를 채택했다. 동경 135도의 지방 평균시는 일본 고베의 서쪽 아카시시를 지나는 자오선으로 동경 127도인 서울의 자오선보다 8도의 차이가 생겨 32분 빠르다.

그렇기 때문에 시계가 12시 정각을 알릴 때 태양은 고베의 서쪽 아카시시 상공에 있게 되고, 32분 후 우리나라 서울의 상공에 있게 된다.

정오시의 표준시

오시(午時)의 정중앙으로 태양의 남중 고도가 가장 높을 때, 지구상의 특정 지점에 위치한 해시계의 막대 그림자가 가장 짧을 때를 그 지점의 정오시라 한다.

이 정오시를 기준으로 전(前) 한 시간과 후(後) 한 시간, 합 두 시간이 오시의 범위다. 그렇기 때문에 동경 127도 30분을 기준으로 할 경우는 11:00~13:00가 오시가 되고, 동경 135도를 기준으로 할 경우에는 11:30~13:30 사이가 오시이며, 12:30분이 정오가 된다.

우리나라 표준시의 기준 변화

앞서 말했듯 우리나라는 조선 말기까지 동경 120도의 경선을 표준 자오선으로 쓰다가 1910년(융희 4년) 4월 1일에 11시를 12시로 고침으로써 동경 135도의 지방 평균시를 채택했다.

이후 1954년 3월 21일 오전 00시 30분부터 동경 127도 30분을 표준 자오선으로 변경했다가 다시 1961년 8월 10일부터 00시를 00시 30분으로 변경함으로써 동경 135도를 평균 자오선으로 해서 오늘에 이르고 있다.

우리나라의 지방 평균시, 동경 127도

우리나라의 수도인 서울은 동경 127도의 자오선이 통과하는 곳이다. 그렇기 때문에 동경 127도의 자오선을 기준으로 한다면 한 반도 자체만으로는 이상적인 표준시가 될 것이지만, 세계시와 시간을 맞추기가 불편하게 된다. 그렇기 때문에 한때는 동경 127도와 비슷하며 국제시와 30분 단위인 단수차인 동경 127도 30분을 기준으로 했다.

우리나라의 표준시, 동경 135도

동경 135도를 기준으로 하는 것은 세계시와 시간 단위인 단수 차에 해당하는 표준시이고, 동경 127도 30분을 기준으로 하는 것은 세계시와 30분 단위의 단수 차에 해당하는 표준시다. 즉 국제시와 30분 단위가 아닌, 시간 단위인 단수차를 가지는 표준 자오선은 동경 120도와 동경 135도이며, 이 중 현재 우리와 일본이 동시에 사용하는 평균 자오선은 동경 135도다. 그렇기 때문에 동경 135도는 우리나라 표준시의 기준인 것이다.

표준시에 대한 오해, 동경 127도 30분과 동경 135도

동경 135도를 기준으로 하는 지방 평균시가 우리나라를 거치지 않고, 일본 고베의 서쪽 아카시시를 지나가다 보니 우리나라 시

가 아니고 '일본시'라고 잘못 알고, 심지어는 동경 127도 30분은
'한국시', 동경 135도는 '일본시'라고 하는 경우도 있다. 표현이 중요
한 것은 아니지만, 사주명리학은 정확한 역법(曆法)의 원리 속에서
성립되는 자연과학이기에 사주명리학을 공부하기에 앞서 역법의 원
리를 정확히 이해해야 할 것이다.

만세력
(양) 1960년 03월 19일
남자(음) 1960년 02월 22일 21:10 대한민국
(正) 1960년 3월 19일 21:10 (−30분)

또는동경(東經) 00도라고 하다 보니 일본의 수도 동경(東京, 도
쿄)을 연상해 일본시라고 착각해서 빨리 우리나라의 시를 찾아야
한다고 주장하는 경우도 간혹 있다.

예시사주 분석

예시사주의 시는 1960년 3월 19일(양력)이므로 우리나라 표준시가 동경 127도 30분을 적용했던 기간(1954년 3월 21일~1961년 8월 10일)이었다. 따라서 예시사주 표의 우측에 있는 대한민국(-30분)으로 표기되는 (正)시에 −30분이 가감되지 않은 21시 10분이 그대로 표기되어 있다.

우리나라 표준시를 동경 135도로 쓰는 1961년 8월 10일 이후에 태어난 사람들은 (正)시에 −30분된 시가 표기된다.

곡선이 큰 주기
(대운)

대운(大運) 이란?

대운, 세운, 월운, 일운

우리는 세상에 태어난 순간부터 시간의 흐름에 따른 상황의 변화 속에 존재하게 된다. 이렇게 변해가는 상황을 주관하는 시간들을 구분해본다면 하루를 기준으로 작게는 시간의 변화가 있고, 크게는 월(月)의 변화와 년(年)의 변화가 있다.

167

만세력								
(양) 1960년 03월 19일								
남자(음) 1960년 02월 22일 21:10 대한민국								
(正) 1960년 3월 19일 21:10 (−30분)								
상관		일원		상관		편재		
己		丙		己		庚		
亥		午		卯		子		
편관		겁재		정인		정관		
木(1)		火(2)	土(2)		金(1)	水(2)		
戊甲壬		丙己丁			甲乙		壬癸	
86	76	66	56	46	36	26	16	6
戊	丁	丙	乙	甲	癸	壬	辛	庚
子	亥	戌	酉	申	未	午	巳	辰
2022	2021	2020	2019	2018	2017	2016	2015	2014
壬	辛	庚	己	戊	丁	丙	乙	甲
寅	丑	子	亥	戌	酉	申	未	午

즉 우리가 살아가며 겪게 되는 모든 변화는 시간의 선상에서 나타나는데, 그 시간을 단위별로 구분해서 운(運)으로 표현하면 다음과 같다. 하루 단위를 주관하는 운을 일운(日運), 한 달 단위를 주관하는 월운(月運), 일 년 단위를 주관하는 운을 연운(年運) 또는 세운(歲運)이라 하고, 10년 단위를 주관하는 운을 대운(大運)이라

한다.

즉 1개의 대운(大運)에는 10개의 연운이 포함되며, 1개의 연운에는 12개의 월운이 포함되고, 1개의 월운에는 30개의 일운이 포함된다. 여기서 대운이란 삶의 길흉 또는 고저를 의미하는 것이 아니라, 누구에게나 흘러가는 시간의 흐름을 구분하는 것으로, 개인의 삶에 대해 10년씩을 주관하는 운의 큰 흐름을 말하는 것이다.

예시사주 분석

대운(大運)과 대운 수(數)

예시사주의 대운을 보면 6 16 26 36 46 56 등으로 표시되어 있는데, 이것은 사주체가 살아가며 10년을 주관하는 대운이 바뀌는 시기를 의미하는 것으로, 이 사주체는 매 6살을 기준으로 10년을 주관하는 운이 바뀌는 것을 의미한다.

즉 6살부터 15살까지 10년은 경진(庚辰)이라는 환경을 살아가게 되며, 16세부터 25세까지는 신사(辛巳)라는 환경으로 살아가고, 56세부터 65세까지는 을유(乙酉)라는 환경으로 살아갈 것이며, 100세까지 산다면 96세부터 105세까지는 기축(己丑)의 환경으로 살아가게 될 것이다.

이때 대운 수가 6으로 바뀌든, 9로 바뀌든, 그것은 사주체의 길흉이나 성패와는 아무런 상관이 없다. 대운의 숫자는 다만 살아가는 중에 10년 단위의 운 패턴이 바뀌는 시기를 의미할 뿐이다.

사주체의 삶에 대한 길흉과 성패는 이렇게 바뀌어가는 대운들 각각이 '사주체와 어떠한 관계를 이루는가'가 관건이 되며, 현실에서 이 대운들이 사주체가 살아가는 환경이 되기에 통상 사주체를 자동차에, 대운은 자동차가 달려가는 도로에 비유하는 경우가 많다.

예시사주는 남성이므로 대운의 지지 흐름이 양(辰巳午未)으로 흐르다가 46세부터 음(申酉戌亥)으로 흐르고 있어서 46세부터는 대운이 도움이 되는 기운으로 흐르고 있음을 알 수 있다. 5성 10신(육친)의 기운으로는 현재 60세이므로, 56세에서 65세 사이인 을유(乙酉) 대운에 해당되므로, 천간인 을은 정인인 인성기운이며, 지지인 유는 정재인 재성기운에 해당된다.

지나고 보니 56세부터 인성대운이 들어와서 56세 2015년 2월부터 명리학을 공부하게 되었나 보다.

만세력
(양) 1960년 03월 19일
남자(음) 1960년 02월 22일 21:10 대한민국
(正) 1960년 3월 19일 21:10 (-30분)

상관	일원	상관	편재
己	丙	己	庚
亥	午	卯	子
편관	겁재	정인	정관

木(1)　　火(2)　　土(2)　　金(1)　　水(2)

戊甲壬		丙己丁			甲乙		壬癸	
86	76	66	56	46	36	26	16	6
戊	丁	丙	乙	甲	癸	壬	辛	庚
子	亥	戌	酉	申	未	午	巳	辰
2022	2021	2020	2019	2018	2017	2016	2015	2014
壬	辛	庚	己	戊	丁	丙	乙	甲
寅	丑	子	亥	戌	酉	申	未	午

1년 단위를 주관하는 운을 연운(年運) 또는 세운(歲運)이라
한다.

세운은 천간 지지가 순차적으로 한 개씩 변화한다. 천간은 갑,
을, 병, 정, 무, 기, 경, 신, 임, 계순으로 변화하고, 지지는 자, 축,
인, 묘, 진, 사, 오, 미, 신, 유, 술, 해의 순으로 변화한다.

보통 우리가 회갑 또는 환갑이라고 하는데, 그것은 갑자(甲子)년
에 태어난 사람이 다시 갑자(甲子)년이 돌아올 때인 한국나이로 61
세, 만으로는 60세가 되는 때를 의미한다. 나는 2020년 경자(庚子)
년에 환갑을 맞게 된다.

예시사주 분석

예시사주의 2019년 기해(己亥) 세운의 5성 10신(육친)의 기운으로는, 천간인 기는 상관인 식상성기운이며, 지지인 해는 편관인 관성기운에 해당된다. 나는 2019년도에 식상성기운이므로 많은 활동이 기대된다.

육십갑자									
甲子	乙丑	丙寅	丁卯	戊辰	己巳	庚午	辛未	壬申	癸酉
甲戌	乙亥	丙子	丁丑	戊寅	己卯	庚辰	辛巳	壬午	癸未
甲申	乙酉	丙戌	丁亥	戊子	己丑	庚寅	辛卯	壬辰	癸巳
甲午	乙未	丙申	丁酉	戊戌	己亥	庚子	辛丑	壬寅	癸卯
甲辰	乙巳	丙午	丁未	戊申	己酉	庚戌	辛亥	壬子	癸丑
甲寅	乙卯	丙辰	丁巳	戊午	己未	庚申	辛酉	壬戌	癸亥

*2019년 기해(己亥)년을 흔히 '황금돼지'해라고 부르는데, 이는 천간의 기(토)의 황금색과 해의 돼지띠를 합한 말이다.

오행	목(木)	화(火)	토(土)	금(金)	수(水)
천간	甲, 乙	丙, 丁	戊, 己	庚, 辛	壬, 癸
색상	청색	적색	황색(황금)	백색	흑색

지지	子	丑	寅	卯	辰	巳	午	未	申	酉	戌	亥
띠	쥐	소	호랑이	토끼	용	뱀	말	양	원숭이	닭	개	돼지

지지의 띠

좋은 운(運)과 좋지 못한 운(運)

우리가 살아가며 좋은 연운(年運) 중에 좋은 월운(月運)을 만나면 아주 좋을 것이고, 좋은 연운 중에 좋지 못한 월운을 만나면 비록 월운이 좋지 못해도 별반 어려움이 없으나, 좋지 못한 연운(年運)에 좋지 못한 월운(月運)이 닥치면 어려움이 적지 않게 될 것이다.

좋은 연운 중에 좋은 월운인데 대운까지 좋다면 그야말로 만사형통(萬事亨通)의 행운의 시기가 될 것이지만, 반면 좋지 못한 연운에 좋지 못한 월운인데 대운까지 좋지 못하다면 많은 어려움을 겪게 될 것이다.

이렇게 좋은 운들이 겹칠 때는 과감한 전진(前進)이 필요하고, 좋지 않은 운들이 겹치는 시기에는 만사 조심하며, 겸허하게 근신(勤愼)하고, 때를 기다리며 공부하는 지혜가 필요하다.

지장간(支藏干)

만세력			
(양) 1960년 03월 19일			
남자(음) 1960년 02월 22일 21:10 대한민국			
(正) 1960년 3월 19일 21:10 (−30분)			
상관	일원	상관	편재
己	丙	己	庚
亥	午	卯	子
편관	겁재	정인	정관

木(1)		火(2)		土(2)		金(1)		水(2)
戊甲壬		丙己丁				甲乙		壬癸
86	76	66	56	46	36	26	16	6
戊	丁	丙	乙	甲	癸	壬	辛	庚
子	亥	戌	酉	申	未	午	巳	辰
2022	2021	2020	2019	2018	2017	2016	2015	2014
壬	辛	庚	己	戊	丁	丙	乙	甲
寅	丑	子	亥	戌	酉	申	未	午

2부. 실전 사주 읽기

지장간(支藏干) 개요

지지는 천간의 오행 기운이 하나, 둘, 또는 셋이 모여 하나의 지지를 이루게 되며, 이렇게 지지를 이루는 천간 오행의 수대로 변화를 일으킨다. 지장간은 이렇게 지지를 이루며 지지 속에 감추어져 있는 천간을 말하는데, 십이지는 모두 1개 이상의 지장간을 가지고 있으며, 이 지장간의 작용에 의해 각종 변화를 가져온다.

12지는 인신사해(寅申巳亥)의 맹지(孟支)와 자오묘유(子午卯酉)의 왕지(旺支)와 진술축미(辰戌丑未)의 고지(庫支)가 결합해 동방의 인묘진과 남방의 사오미, 서방의 신유술과 북방의 해자축으로 나누어져 있다.

지지	寅	卯	辰	巳	午	未	申	酉	戌	亥	子	丑
지장간	戊丙甲	甲乙	乙癸戊	戊庚丙	丙己丁	丁乙己	戊壬庚	庚辛	辛丁戊	戊甲壬	壬癸	癸辛己

지지의 소속 지장간

지지의 인을 보면 외형으로 목의 형상을 하고 있지만, 그 속에는 병화와 갑목이 지장간으로 들어 있기에 상황에 따라 목의 역할도 할 수 있고, 화의 역할도 할 수 있게 된다.

진은 지장간으로 을목과 계수와 무토를 가지고 있어 상황에 따라 목의 역할과 수의 역할, 토의 서로 다른 3가지 역할을 하게 된다. 즉 지지 사행으로 보면 목이요, 지지 각각으로 보면 토이고, 변화로 보면 수가 되어 서로 다른 세 가지 오행의 역할을 할 수 있게 된다.

지장간이 보이는 모습 외에 또 다른 내면을 가지고 있듯이 인간사 역시 보이는 모습 속에 감추어진 저마다의 사연들이 있다.

예시사주 분석

년지인 자의 지장간 임계

월지인 묘의 지장간 갑을

일지인 오의 지장간 병기정

시지인 해의 지장간 무갑임

예시사주인 8가지 이외에도 지지에 감추어진 지장간의 기운들이 있다고 본다.

2부. 실전 사주 읽기

삼재의 허실, 2019년
황금 돼지해, 뱀띠와
닭띠와 소띠가 삼재?

(이 글은 스승님이신 석하 소재학 교수님이 MBN 〈황금알〉 방송에서 말씀
하신 내용과 전국은행연합회 등의 칼럼에 소개되었던 내용이다.)

연말 연초가 되면 가장 많이 받는 질문 중 하나가 '삼재'나 '아
홉수', '상충살' 등이다. 과연 2019년 황금 돼지해에는 뱀띠와 닭띠
와 소띠가 삼재이고, 뱀띠는 상충살까지 겹쳐 사업도 잘 안 풀리고,
투자나 확장은 절대로 안 되며, 결혼 등 큰일도 피해야 할까?

이러한 삼재는 상충살, 원진살, 아홉수 등과 더불어 대표적
으로 잘못 알려져 있는 근거 없는 미신에 해당한다. 단지 우연히

좋지 않은 시기가 삼재와 일치하는 경우는 있을 수 있겠지만, 절대로 2019년에 뱀띠와 닭띠와 소띠가 삼재로 인해 피해를 입지는 않는다.

사람들은 예나 지금이나 좋지 않은 일을 당하면, 그 원인과 변명거리를 찾아 책임을 떠맡기려는 경향이 있다. 삼재나 상충살 같은 경우도 그와 같이 살아가며 흉한 일을 당했을 때 그 이유로 또는 책임전가나 핑계거리로 활용되어 왔다고 볼 수 있다.

이 중 삼재(三災)는 전통적으로 많은 사람들이 알고 있는 것으로써 12년 주기로 한 번 들어오면 3개의 띠가 동시에 겪게 되며 3년 동안 머무르게 되는데, 그 첫해가 '들 삼재', 둘째 해가 '묵 삼재(눌 삼재), 셋째 해를 '날 삼재'라고 한다.

띠별 궁합과 마찬가지로 단지 출생 년, 그것도 지지(地支)에 해당하는 띠만 가지고 동시에 세 개의 띠가 삼재라는 인생의 어려운 시기를 같이 겪는다는 것은 비약이 될 수 있다. 단지 우연히 좋지 않은 시기가 삼재(三災)라는 시기와 일치할 수는 있겠지만, 절대로 뱀띠와 닭띠와 소띠가 2019 기해년에 삼재로 인한 어려움을 겪게 되는 것은 아니다.

사주팔자 구성에서 시(時)와 일(日)과 월(月)을 무시하고, 단지 띠만 가지고 삼재를 논한다는 것은 이름에 '목'자가 들어가는 사람은 목수를 하고, '농'자가 들어가는 사람은 농사를 짓는다고 말하는 것과 크게 다르지 않다. 또한 같은 원리로 2019년에 뱀띠(巳)가 상충살을 당하는 것은 아니다.

만약 누군가 주변에서 삼재나, 상충살, 원진살 등을 핑계로 금전을 요구하는 경우가 있다면, 그는 겁을 줘 이익을 취하려는 사람이거나, 정말 삼재에 대해 잘 모르는 사람이라고 보아도 무방할 것이다.

그렇기에 2019년 삼재나, 상충살, 원진살, 아홉수 등에 해당한다고 해서 투자를 망설이거나 큰일을 미룰 필요는 전혀 없다. 모쪼록 속설의 진위 여부를 떠나, 부와 행운을 의미하는 2019년 기해년 황금 돼지를 맞이해서 대한민국 국민 모두에게 한 아름 행운이 가득하고, 황금 돼지의 상징처럼 풍요로움이 늘 함께하는 한 해가 되기를 기원한다.

사주명리학은 태어난 시점에 대한 생년–생월–생일–생시 4
가지 요소를 천간과 지지로 표현한 사주팔자의 분석을 통해 태양
의 에너지 변화에 따른 삶의 주기 등을 파악하는 동양미래예측학
의 한 분야다. 이러한 사주명리학의 전문 용어 중에 '식상(食傷, 또는
상관)'이라는 용어가 있다. 사주팔자에 이 식상이 많은 사람은 주변
사람들에게 베푸는 것을 좋아하며, 자기 표현을 잘하는 특성을 나
타낸다. 그렇기에 타인에게 봉사를 잘하는 사람들이나 종교인, 또
는 연예인 등 주로 자기 표현을 많이 하는 분야에 종사하는 사람들
의 사주를 분석하다 보면, 이러한 식상이 일반인보다 강하게 나타

나는 경우가 많다.

　이렇게 식상이 강할 경우 자기 표현이 뛰어나며, 말을 재미있게 잘하기도 하지만, 톡톡 튀는 기질과 하고 싶은 말을 참지 못하는 특성을 동시에 가진다. 그러다 보니 인기가 있으면서도 참지 못하는 말 때문에 자주 구설에 오르고, 번뜩이는 아이디어를 통해 큰 일을 많이 해놓고도 말로 그 공을 까먹는 경우가 많다.

　좋은 약은 입에 쓰지만 병에 이롭고, 좋은 말은 귀에 거슬리지만 행동하는 데는 이롭다는 말이 있다. 누군가가 조언을 해주면 듣기에 거슬릴 수는 있어도 살아가는 데 도움이 되니, 표정 관리를 잘하고 긍정적으로 받아들여야 한다. 그러나 이 말의 의미를 좀 더 깊게 생각해본다면, 이 말 속에는 조언이나 충고를 받는 사람보다 해주는 측이 더욱 조심하고, 경계해야 하는 부분이 있음을 알 수 있다.

　우리가 사는 사회는 혼자가 아니라, 누군가와 더불어 살아가야 한다. 그러다 보니 조언을 받을 때도 있지만, 누군가에게 조언을 해줘야 할 일들이 생기기도 한다. 그런데 이 조언이나 충고란 아무리 배려해서 한다고 해도 듣는 사람 입장에서는 그리 기분 좋은 일은 아니다. 그렇기에 충고나 조언을 해줘야 한다면, 가급적 직접적인 말로 해주는 것보다는 간접적으로 깨닫게 해주는 것이 좋은 방법이다.

　부득이 직접 말로 단점을 지적하거나 조언을 해줘야 한다면, 아무리 부드럽게 이야기해도 당사자 입장에서는 기분이 상할 수 있기 때문에, 오해의 소지가 없도록 최대한 표현을 완곡하게 사용해야 할 것이다. 또한, 충고나 조언을 하다 보면, 명분은 상대를 위한다고 하지만, 그 속에 조언자의 감정이 담겨 있는 경우도 적지 않다. 이렇게 감정이 들어간 조언은 상대의 반감을 유발하며, 차라리 하지 않느니만 못할 수도 있다. 그렇기에 충고나 조언은 자신의 감정을 풀려는 것이 아니라, 상대의 생각이나 행동을 바꾸게 하기 위함이라는 것을 정확하게 인지하며, 충분히 생각하고 또 생각해서 최대한 완곡하고 부드러운 표현으로 해줘야 할 것이다.

　사주팔자에 자기 표현 잘하는 특성인 식상 기운이 강한 사람들은 현대를 살아가는 데 분명 유리한 측면이 있다. 그러나 더불어 살아가야 하는 사회에서 절제가 동반되지 않는 자기 표현은 브레이크 없는 자동차에 비유될 수 있을 것이다. 말이나 자기 표현을 잘하는 것도 중요하지만, 그에 못지않게 타인을 배려하며 적절하게 제어할 수 있는 역량을 갖추어 나가야 하는 것이 무엇보다 중요하다.

지난 5년간 명리학 공부를 하면서 다양한 이론을 배웠다. 어떤 때는 현실을 나타내는 지지를 기본으로, 어떤 때는 천간을 기본으로 지지에 통근하는 이론도 배웠는데, 여기에서는 현재 배우고 있는 후자의 1호 명리학 박사이신 석하 소재학 교수님의 석하명리의 사주 분석 기본 용어를 소개한다.

사주를 분석할 때 가장 필요로 하면서 어려운 것은 '격'과 '용(용신)'을 구분하는 것인데, 석하명리에서는 간단하고 확실하게 구분이 되는 장점이 있다.

격(格)

격은 사주 분석의 가장 기본이 되는 용어로 통상 사주에서 가장 강한 세력을 의미하며, 사주의 특성과 개략(概略)을 정의하는 개념이다. 이 격을 격국(格局)이라고 부르기도 하며, 연해자평이나 자평진전 등 일부 고전이나 서적에서는 격을 월지(月支) 또는 월령(月令)을 득(得)한 개념으로 보아 현대적 의미의 용신(用神)과 동일하게 보는 견해도 있다.

석하명리에서의 격은 사주에서 가장 강한 세력으로 사주체의 개략적인 특성을 나타내는 개념으로 사주분류의 기준이 된다.

격의 개념과 역할

격이라는 용어는 사주 분석 및 분류의 기준으로 사용되기도 하고, 사주 분석의 기본 틀로 사용되기도 한다. 사주 분석 및 분류의 기준으로 사용될 때는 내격과 외격의 각 십신별 특성에 따른 격으로 구분할 수 있다. 또한 격은 사주에서 가장 강한 세력으로 사주의 대표적인 특성을 나타내며, 내격에서는 최대 기신이 되고, 종격이나 화기격에서는 용신이 된다.

① 분류의 기준

사주를 분석하는 기준으로 크게 내격(일반)과 외격(종격, 화기격)으로 분류되고, 세부적으로는 각 십신에 따른 격으로 구분된다.

② 사주에서 가장 강한 세력

사주 내에서 가장 강한 세력으로 그 사주의 대표적 특성이 된다.

③ 최대 기신

내격의 경우 사주에서 가장 강한 세력이 최대 기신 파(破)가 된다.

④ 용신(용)

종격의 경우에는 사주에서 가장 강한 세력인 격이 곧 용신이 된다.

통근에 따른 격의 구분

통근은 사주를 분석하기 위한 가장 기초적인 개념으로, 사주 팔자 내에서 천간이 동일한 오행의 지장간(지지에 숨어 있는 천간의 기운)을 가지고 있는 지지를 만났을 때를 의미하며, 통상 지지에 근을 하고 있다고 표현한다.

0 丙 庚 0

0 0 戌 0

앞의 사주는 월지의 정기를 따져 식상격으로 분류하기도 하고, 절입일을 따져 절입 9일 이내일 때는 신금 당령으로 정재격, 12일까지는 정화 당령으로 비겁격(혹은 록격), 13일 이후는 무토당 령으로 식상격이라 보는 견해도 있다.

논리로 푸는 석하명리에서는 사주학은 기(氣)의 학문으로 보아 천간과 지지의 통근 유무를 확인해서, 활성화된 천간의 향배에 따라 격 또는 세력의 강약을 정한다. 앞의 사주의 경우 월간의 경금이 월지 술토의 지장간 신금에 근을 하고 드러나 있어 양재격(양일간의 편재격) 또는 양재(양일간의 편재)가 가장 강한 세력으로 구분된다.

용(用), 용신(用神)

용 또는 용신이라고도 하며, 통상 사주에서 가장 필요로 하는 요소를 의미한다. 사주 분석의 근간이 되고 사주체의 특성 해석에 대한 기초가 된다. 용신을 오행으로 구분하는 경우가 있고, 구체적인 십간으로 구분하는 경우가 있는데, 석하명리에서의 용신은 활성화된 천간을 의미한다.

용신이라 할 때의 신(神)은 절대자 또는 초월적 존재의 신(God)을 의미하는 것은 아니다. 여기에서의 신(神)은 십신(十神), 희신(喜神), 기신(忌神) 등에서와 마찬가지로, 사주에서 일간과 관계된 십간의 명칭을 의미한다.

희신(喜神)과 기신(忌神)

희신

사주에서 필요로 하는 오행으로 넓은 의미로는 용신 오행을 포함해 통상 두 개(인성과 비겁) 또는 세 개(식상, 재성, 관성)의 오행을 말하며, 좁은 의미로는 넓은 의미의 희신 오행에서 용신 오행을 제외한 나머지 희신 오행을 말한다.

기신

사주에서 기피하는 오행으로 넓은 의미로는 최대 기신 오행을 포함해 통상 두 개(인성과 비겁) 또는 세 개(식상, 재성, 관성)의 오행을 말하며, 좁은 의미로는 넓은 의미의 기신오행에서 최대 기신 오행을 제외한 나머지 기신오행을 말한다.

한신(閑神/ 閒神)과 약신(藥神)

한신

사주에서 기뻐하는 희신이나 기피하는 기신 중에서 기뻐하고, 기피하는 정도가 비교적 적은 오행으로, 식상성이나 관성 중 하나에 해당한다.

약신

본래는 기신군에 속하는데 사주의 특성상 희신 역할을 하는 경우로, 통상 양의 식상(양일간 기준 식신, 음일간 기준 상관)과 음의 관성(양일간 기준 정관, 음일간 기준 편관)에 해당한다.

신강신약(身强身弱)

신강신약의 개념

사주 분석의 가장 기본적인 개념으로 일간(日干)을 생해주는 인성과 비겁의 힘을 합한 세력과 일간을 설기 또는 억제하는 식상성, 재성, 관성의 힘을 합한 세력을 비교해 일간 측이 강하면 신강이라 하고, 반대로 일간측이 약하면 신약이라고 한다.

신강과 신약에 대한 오해

일각에서 신강사주라 하면 사주체의 몸이 강건한 것으로 생각하고, 신약사주라 하면 사주체의 몸이나 체력이 약한 것으로 보는 사례가 있다. 여기에서 신강과 신약이란 일간을 기준으로 한 오행의 세력을 의미하는 것으로, 실제 사주체의 체격이나 체력과는 직접적인 관계가 없다.

석하리듬
애플리케이션
10년 주기 인생사계절

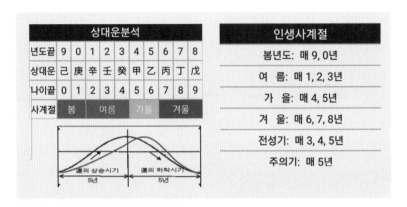

석하리듬의 10년주기 인생사계절

2018년 9월에 '동국대 GFCA 동양미래예측학 최고위과정' 7기로 입학해서 석하명리와 석하리듬을 배우면서 깜짝 놀란 것은 10년 주기의 석하리듬의 인생사계절이 나에게 딱 맞게 나와 있던 것이다.

나의 석하리듬(10년 주기, 봄 2년, 여름 3년, 가을 2년, 겨울 3년)을 살펴보니 제일 힘든 겨울 3년의 시기가 2016년, 2017년, 2018년이었다. 힘든 3년을 지혜롭게 잘 지내고, 2019년도에 이제 봄을 맞으면서 새로운 활동을 준비하고 있다.

석하명리 석하리듬은 1호 명리학 박사이신 소재학 교수님께서 10년 넘게 심혈을 기울여 만든 미래예측시스템으로 누구나 손쉽게 애플리케이션을 통해 확인할 수가 있다. 현재는 동국대 GFCA 동양미래예측학 최고위과정 동문이나 동양미래예측학회 회원들만 일정한 연회비를 내고 사용하고 있는데, 일반인들도 사용할 수 있도록 대중화 노력을 기울이고 있는 것으로 알려져 있다. 많은 사람들이 본인의 석하리듬을 스마트폰의 어플리케이션을 통해 알고, 자기의 나아갈 때와 물러날 때를 안다면, 조금 더 행복한 삶을 살지 않을까 싶다.

석하리듬은 3만 8,400개의의 변수를 컴퓨터가 계산해주는 적중률 90%(편차 +−5% 포인트)의 통계를 바탕으로 개발된 프로그램이다.

인생사계절 '석하리듬'이란?

석하 소재학 교수님은 성공과 실패의 요인 중에서 가장 중요한 것은 바로 때라는 것을 강조해왔으며, 누구나 어렵지 않게 때를 찾을 수 있는 인생사계절 10년주기 '석하리듬'을 개발해 보급해오고 있다.

석하 소재학 교수님의 칼럼

분명 똑같은 사람이 똑같은 방법으로 해도 잘될 때가 있고, 잘되지 않을 때가 있다.

우리는 한참 잘나가는 사업가가 하루아침에 부도가 나거나 잘나가던 연예인이 하루아침에 진행하던 프로나 드라마에서 하차하고, 유명 정치인이 말 한마디 실수로 치명적인 타격을 입는 일들을 종종 접하게 된다.

문제가 생기는 직접적인 이유나 사건들을 보면 충분히 납득되는 부분도 있지만, 간혹 고개를 갸우뚱하게 되는 경우도 있다.

'저 정도의 일이 저렇게 심각하게 문제가 되는 것이 당연한 것일까? 다른 사람들은 저러한 문제들이 없는 것일까? 나에게는 저러한 일들이 일어나지 말란 법이 있을까?'

아무리 배가 고파도 늦가을에 씨앗을 뿌리는 농부는 없다. 다음 계절이 겨울인 것을 알기 때문이다. 하지만 인생의 겨울이 언제인지는 알지 못하기에 늦가을에 씨앗을 뿌리고, 무리수를 던지게 되는 경우가 적지 않다.

많은 사람들이 이렇게 인생의 겨울을 만나 실패를 하고 돌이킬 수 없는 상처를 입기도 한다. 엄밀하게 따지면, 인생의 겨울인 줄 모르고 덤볐다가 낭패를 겪는 것이라 할 수 있다. 즉 겨울인 것을 알았다면 그에 대비하고 월동 준비를 했을 텐데 계절을 모르고 봄인 양 씨앗을 뿌려 문제가 되는 것이다.

인간이 만물의 영장인 이유 중 하나는 어느 계절이든 적절한 노력을 통해 결실을 얻을 수 있다는 것이다. 우리는 겨울에도 참외를 먹고 수박을 먹을 수 있다. 하우스와 인공조명, 온도조절 등의 특별한 노력을 통해 결실을 거둘 수 있는 것이다.

성공도 마찬가지다. 인생의 겨울을 만나게 되면 되는 일이 없고, 몸도 아프고 인간사 모든 일들이 문제가 된다. 그렇다고 마냥 손 놓고 있어야 할까?

그렇지는 않다. 먼저 자신의 계절을 정확히 알고 겨울이면 겨울답게, 가을이면 가을답게 자신의 계절에 맞는 목표를 설정하고 준비를 해야 한다.

만약 자신의 계절이 겨울이라면 눈앞의 결실이나 성과보다는 다가올 봄을 준비하는 것이 현명한 방법일 것이다. 자신의 계절이 아직 봄이라면 당장의 큰 결실을 바라기보다 장기적인 포석을 해야 할 것이다.

가을의 풍요를 최대화하기 위해서는 여름부터 김매고 성실하게 노력하고 철저히 준비해야 한다. 그러나 더 중요한 것은 봄에 튼실한 씨앗을 많이 뿌리는 것이다. 즉 가을의 추수는 이미 봄에 뿌리는 씨앗의 양과 질로 어느 정도 결정된다. 아무리 여름에 노력하고 가을에 열심히 일해도 봄에 뿌린 씨앗이 없다면 결실은 형편없을 것이다.

그런데 봄에 좋은 씨앗을 뿌리기 위해서는 이미 겨울에 충분히 휴식을 취하며 봄 맞을 준비를 해놓아야 한다. 겨울에 계절을 탓하며 놀기만 하던 사람보다 다가올 봄에 대한 연구를 한 사람이 더 즐거운 봄을 맞이할 것이다.

또한 봄에 좋은 씨앗을 뿌리기 위해서는 무엇보다 먼저 지난 가을 추수 때에 좋은 씨앗을 골라 놓아야 한다. 즉 가을에 많은 추수를 하기 위해서는 봄부터, 또는그 이전의 가을부터 준비를 해나가야 하는 것이다.

어리석은 사람들은 가을이 닥쳐 추수를 준비하고, 보통의 사람들은 여름부터 가을 준비를 한다.

현명한 사람들은 봄부터 준비해서 질 좋은 씨앗을 뿌릴 것이고, 지혜롭게 시대를 앞서가는 사람들은 이미 겨울 또는 그 이전의 가을부터 미리미리 준비해나간다.

출처 : 리더스월드, 브레이크 뉴스 등.

이렇게 온전한 성공을 이루기 위해서는 무엇보다 먼저 자신의 때를 정확하게 아는 것이 중요하다.

석하 소재학 교수님이 개발한, 인생 4계절 '석하리듬'은 이러한 자신만의 때를 찾을 수 있는 동양미래예측 방법론이다. 이 석하리듬을 잘만 활용한다면, 개인뿐 아니라 사회 각 분야의 규칙적인 미래를 예측할 수도 있다.

이 석하리듬은 사람의 흥망성쇠가 10년을 주기로 일정한 반복의 패턴을 가지고 있다는 것이다. 이를 사계절로 구분해본다면 2년은 봄이고, 3년은 여름, 2년은 가을, 3년은 겨울로 나누어진다.

여름과 가을의 5년은 운이 좋은 시기에 해당하며, 겨울과 봄의 5년은 운이 약한 시기에 해당한다. 특히 늦여름부터 가을까지의 3년은 사회적으로 잘나가는 행운의 시기가 되며, 겨울 3년은 운이 가장 약한 시기로 인생의 함정에 해당한다.

사람의 삶에는 10년 주기 '석하리듬' 외에 대운이라는 큰 흐름이 있는데, 이러한 대운의 흐름이 좋으면 10년 중 겨울 3년을 제외한 7년이 좋거나, 20년 중 17년이 좋을 수도 있다. 간혹 30년 중의 27년이 좋은 경우도 있지만, 보통은 10년 중 5년의 상승 흐름과 5년의 하락 흐름을 타게 된다.

'석하리듬'의 봄은 아직 사회적으로 뛰어난 역량을 발휘하는 것은 아니지만, 겨울의 어려움에서 벗어나기 시작하며, 포기할 것은 포기하고 새로운 출발을 하는 시기다. 농부가 밭을 갈고 씨앗을 뿌리듯이 눈앞의 결과보다 당장은 힘들어도 미래를 대비하는 마음으로 준비를 하는 시기다. 그렇기에 2~3년 후를 바라보는 장기적인 투자는 가능하지만, 당장의 결과를 바라는 투자는 삼가야 한다.

'석하리듬'의 여름 3년은 역량을 발휘하는 시기에 해당한다. 주변에서 능력을 인정받기 시작하며, 사회적 성공을 이루고 재물도 모으게 되며, 건강도 좋아지는 행운의 시기다. 이때는 적극적이고 공격적인 투자로 나름의 성과를 기대해볼 만하다.

'석하리듬'의 가을 2년은 대외적으로 큰 성취를 이루고, 결실을 얻는 최고의 시기다. 그러나 이미 내면적인 기운은 기울고 있는 시기이기에 공허함을 느끼거나, 건강이 약해질 수 있다. 대운이라는 큰 흐름이 좋을 때 만나는 가을은 최고의 시기가 되지만, 대운이 나쁠 때 만나는 가을은 오판을 하거나 문제가 생기고, 겨울의 어려움이 서서히 다가오는 시기에 해당한다. 이 때문에 일단 가을을 만나게 되면, 새로운 투자보다는 거두어들이며 겨울을 대비해야 한다.

'석하리듬'의 겨울 3년은 일이 잘 풀리지 않으며, 인간관계에 어려움을 겪게 되고, 건강도 나빠질 수 있으며, 매사 자신감을 잃게 되는 시기다. 대자연의 겨울은 착한 일을 하거나 기도나 굿 등 특별한 행위를 한다고 일찍 끝나지 않는다. 또한 나쁜 일을 하거나 인간성이 더럽다고 늦게 끝나는 것도 아니다. 겨울은 겨울만큼의 시간이 지나야 봄에게 그 자리를 양보하게 되어 있다. '석하리듬'의 겨울도 마찬가지다. 그렇기에 이런 시기에는 적극적인 사회활동보다는 때를 기다리며 쉬어가는 지혜가 필요하다. 겨울에 씨 뿌리는 농부를 보고 우리는 결코 부지런하다고 말하지 않는다.

대운이 좋은 경우의 겨울은 작은 어려움으로 가볍게 지나갈 수 있지만, 대운이 좋지 않을 때 만나는 겨울은 상당히 심한 타격을 입을 수 있다. 사회적으로 잘나가던 엘리트들도 '석하리듬'의 겨울을 만나면 능력 발휘를 제대로 할 수 없게 되어 자괴감에 빠지거나 극단적인 결정을 내리는 경우가 있다. 그러나 겨울의 어려움은 평생 가는 것이 아니다. 아주 극심한 어려움은 3년이 고비이고, 좀 더 심할 경우 5년이 지나면 일단 한숨을 돌리게 되어 있다.

이렇게 석하 소재학 교수님이 연구 개발해서 특강이나 칼럼 활동을 통해 보급하고 있는 인생사계절 '석하리듬'은 누구에게나 존재하는 성공과 실패의 10년 주기 패턴이다.

대운 등 여러 가지 변수로 인해 크고 작은 차이는 있지만, 잘 살펴본다면 불규칙한 것 같은 속에 나름의 규칙을 가지고 흐르는 누구에게나 존재하는 석하 리듬을 찾을 수 있을 것이다.

물론 인생에 영향을 미치는 리듬이 10년 주기 석하리듬만 있는 것은 아니다. 하지만 비교적 누구나 쉽게 알 수 있는 이러한 10년 주기 '석하리듬'을 제대로만 활용한다면, 현재 무리수를 던져도 될 때인지, 아니면 박수 칠 때 떠나야 하는 상황인지 등 나아갈 때와 물러날 때를 정확히 알고 대처할 수 있을 것이다. 뿐만 아니라, 직원의 채용이나 적절한 배치 등 다방면으로 활용할 수 있을 것이다.

석하리듬 애플리케이션 사용 방법

사용신청 연락처 : KOFS한국동양미래예측학회, 하원정미래학회

전화번호 : 02-585-0079

사용료 : 대중보급용 특별가격(50% 할인가)

이 책 《긍정명리학》을 구입하면 볼 수 있는 시리얼번호를 제시하면 특별가로 구입할 수 있다.

특별가격 : 최초 1년 24만 원(50% 할인가, 교육비 포함)

　　　　　　2년 차부터 연회비 10만 원

애플리케이션 사용법 강의 : 3시간 2년 차부터 연회비 10만 원

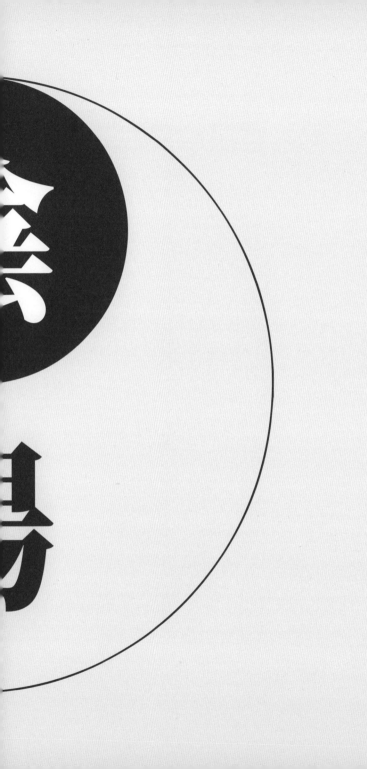

본 책의 내용에 대해 의견이나 질문이 있으면
전화 (02)333-3577, 이메일 dodreamedia@naver.com을 이용해주십시오.
의견을 적극 수렴하겠습니다.

긍정명리학

제1판 1쇄 | 2019년 6월 30일

지은이 | 신규영
펴낸이 | 한경준
펴낸곳 | 한국경제신문*i*
기획제작 | (주)두드림미디어
책임편집 | 배성분

주소 | 서울특별시 중구 청파로 463
기획출판팀 | 02-333-3577
영업마케팅팀 | 02-3604-595, 583 FAX | 02-3604-599
E-mail | dodreamedia@naver.com
등록 | 제 2-315(1967. 5. 15)

ISBN 978-89-475-4487-0 (03180)